METHOD OF
NARROWING DOWN

絞り込み思考

CONSTRAIN

CONSTRAINT

山岡俊樹

JN240045

OLUTION

「制約」を使って
最短で答えを出す!

あさ出版

「絞り込み思考」とは、
無限にある情報の中から、
「制約」というフィルターを通して絞り込んでいき、
テーマや問題の答えを
最短で効率的に導き出す思考法です。

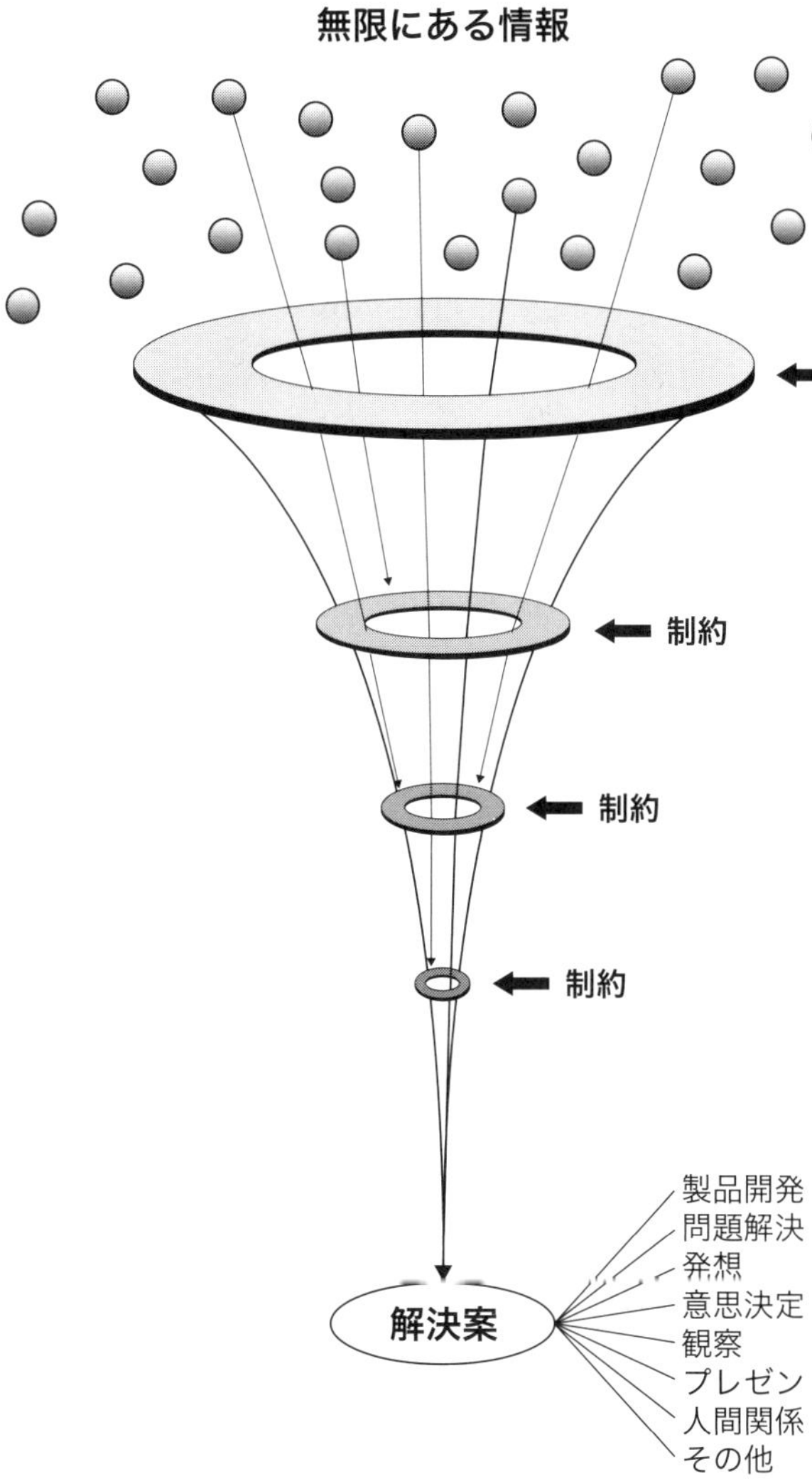

無限にある情報
制約
制約
制約
制約
解決案
製品開発
問題解決
発想
意思決定
観察
プレゼン
人間関係
その他

絞り込み思考を実践すれば、

- 今までより短い時間で答えを出せる
- 問題の全体像がクリアになる
- 判断ミスがなくなる
- 最後までコンセプトがブレずにゴールにたどり着ける
- 絞り込みを繰り返すことで最適解を導くことができる

ようになります。

絞り込みの方法を学べば、
製品の開発や企画の立案、アイデア発想、
いくつかの選択肢から最適な答えを選択するときなど、
仕事やプライベートのさまざまなシーンで
必ず役立つでしょう。
早速、その方法について学んでいきましょう。

はじめに

本書は、「絞り込み思考」という思考法について解説した本です。

この思考法のカギとなるのが、「制約」と「絞り込み」です。

「制約？　絞り込み？　それって何？」と思う方もいらっしゃるかもしれませんが、私たちは普段、意識的であれ無意識的であれ、さまざまな制約をもとに、日常的に絞り込みを行っています。

例えば、自宅、食事、通勤、仕事、遊びなどの選択は、すべて制約と絞り込みにより導き出されたものです。

自宅は、職場からの距離、家族構成、住居面積、住居形式（共同住宅か一戸建てかなど）、価格などの制約から絞り込んで選んだ結果です。

仕事も、自身の能力、適性、やる気などの制約により絞り込んで選んだものです。医師ならば医学部を卒業して医師国家試験に合格し、医師免許を取得しているという制約をクリアしないとなれませんし、国会議員なら選挙で当選するという制約をクリアしないとなれません。

私たちの普段の選択はすべて、制約と絞り込みによって導き出されたものと言っても過言ではないのです。

このような現実があると踏まえたうえで、例えば皆さんが、売れる製品の開発をすると考えてみましょう。

多くの人は、さまざまなアイデアを自由に出して、そのうえで、それぞれのアイデアがユーザーの嗜好に合っているか、価格、機能などがクリアできているかどうかを確認するのではないでしょうか。

確認してみてクリアできていなければ、再度イチからアイデアを出して確認して……と、この作業を繰り返すことになります。しかし、これでは時間が無駄にかかってしまいます。

ではどうすればいいかというと、アイデアを出す前にまず「制約」を明確にすればいいのです。

制約という言葉に、

「最初に制約を厳密に決めすぎると、斬新なアイデアを出すのが難しくなるのでは？」

と、引っかかる人もいるかもしれません。

しかし、そんなことはありません。

斬新な製品にしたいという目的があるのなら、制約の中に斬新な製品企画につながるような情報を入れておけばいいのです。


私は長年、デザインと人間工学を専門にし、企業と大学でデザインや製品開発をしてきました。

その中で、多くの人が売れ行きに直結する表面的な事項に、ことさら力を入れているように感じてきました。

例えば、

「デザイン思考をすれば斬新な製品が生まれる」

「UX（ユーザー体験）を感じさせる製品をつくろう」

などです。

このような手法は確かに魅力的ですが、これらは表層的な視点からのミクロ的なアプローチです。

より良い製品を開発するためには、時代の流れや社会の視点などから製品の本質を考えていくマクロ的なアプローチが必要ではないかと以前から考えていました。

そしてそのためには、マクロな視点から、「目的」や「コンセプト」を徹底的に考えることが大切だということに気づいたのです。

こうしてたどり着いたのが、制約を使って絞り込んでいく「絞り込み思考」です。「目的」や「コンセプト」という制約をもとに、情報を絞り込んでいくことで、どんなに悩んでも最後までブレることなく、最短で答えを導き出すことが可能です。

絞り込み思考は、製品開発だけでなく、発想、意思決定、プレゼン、問題解決、人間関係の問題など、幅広い分野で応用できます。

・仕事で良いアイデアを出したい
・通る企画をつくりたい
・人間関係の悩みを解決したい
・効率良く仕事がしたい

・自分の考えを論理的にきちんと話せるようになりたい
・効果的なプレゼンを行いたい
・商品の売り上げを伸ばしたい

などの悩みがある人は、ぜひ本書をご一読ください。
きっと、最適なモノゴトの考え方、問題の解決方法、アイデアの導き方を身につけることができるでしょう。

山岡俊樹

1章　なぜ、絞り込み思考が必要なのか

2章　無限にある情報を絞り込む方法

3章　もっと絞り込み思考を身につける

4章 絞り込み思考をさまざまなシーンで活用する

5章 絞り込みの別の活用法

1章　なぜ、絞り込み思考が必要なのか

絞り込み思考とは何か

突然ですが、質問です。

皆さんは普段カフェを選ぶ際、どのように選んでいますでしょうか。

値段、場所、滞在時間、コーヒーの味などを考慮し、何店かの候補を絞り込んで、最終決定するのではないでしょうか。

では、企画をしたり旅行を計画したりする場合はいかがでしょうか。

数ある情報を照らし合わせながら、気になる情報同士をつなげたり、ある情報を発展させたりしたあとで、最終的にコストやさまざまなことを考えて、案を絞り込んでいくのではないでしょうか。

私たちは、日頃から意思決定までのプロセスにおいて、意識的にしろ、無意識的にしろ、数多くの絞り込みを行っています。

カフェの例で考えてみましょう。
カフェを選ぶ際、解決案（どのカフェに行くか）は無限にあります。
例えば、次のような解決案です。

①コーヒー1杯の値段は400円、場所は現在地から徒歩5分、人は少ないが席が狭い店

②コーヒー1杯の値段は600円、場所は現在地から徒歩10分、いつも人が多い店

③コーヒー1杯の値段は800円、場所は現在地から徒歩5分、人は多いが、席も多く広々としている店

安いコーヒーがいいという目的しかない場合は、①を選ぶのが正解でしょう。
しかし実際には、価格以外にも、目的がある場合が多いです。
例えば、

・カフェには1時間後の打ち合わせまで滞在する

・仕事をしたいので、ゆっくりできる場所がいい
・現在地からなるべく移動したくない

などです。

これらを満たすカフェと考えたとき、おのずと答えが導き出されるでしょう。

「そんなの当たり前だ」という声が聞こえてきそうですが、**この従来行われている試行錯誤を伴う効率の悪い絞り込みの作業を、より効率的にしたのが、本書で紹介する「絞り込み思考」です。**

この方法さえ身につければ、どんなテーマや問題も、目的に合ったぴったりの答えを導き出すことができます。


色の変化を環状にした「色相環」の誕生も、絞り込み思考とつながります。

赤や青などの有彩色は、組み合わせ（混色）でどんな色でもつくることができますが、無限にある色で組み合わせを行うのは大変です。

そこで、色相（赤や青などの色合い）を環状に配置した20色（または10色）の色相環ができました。

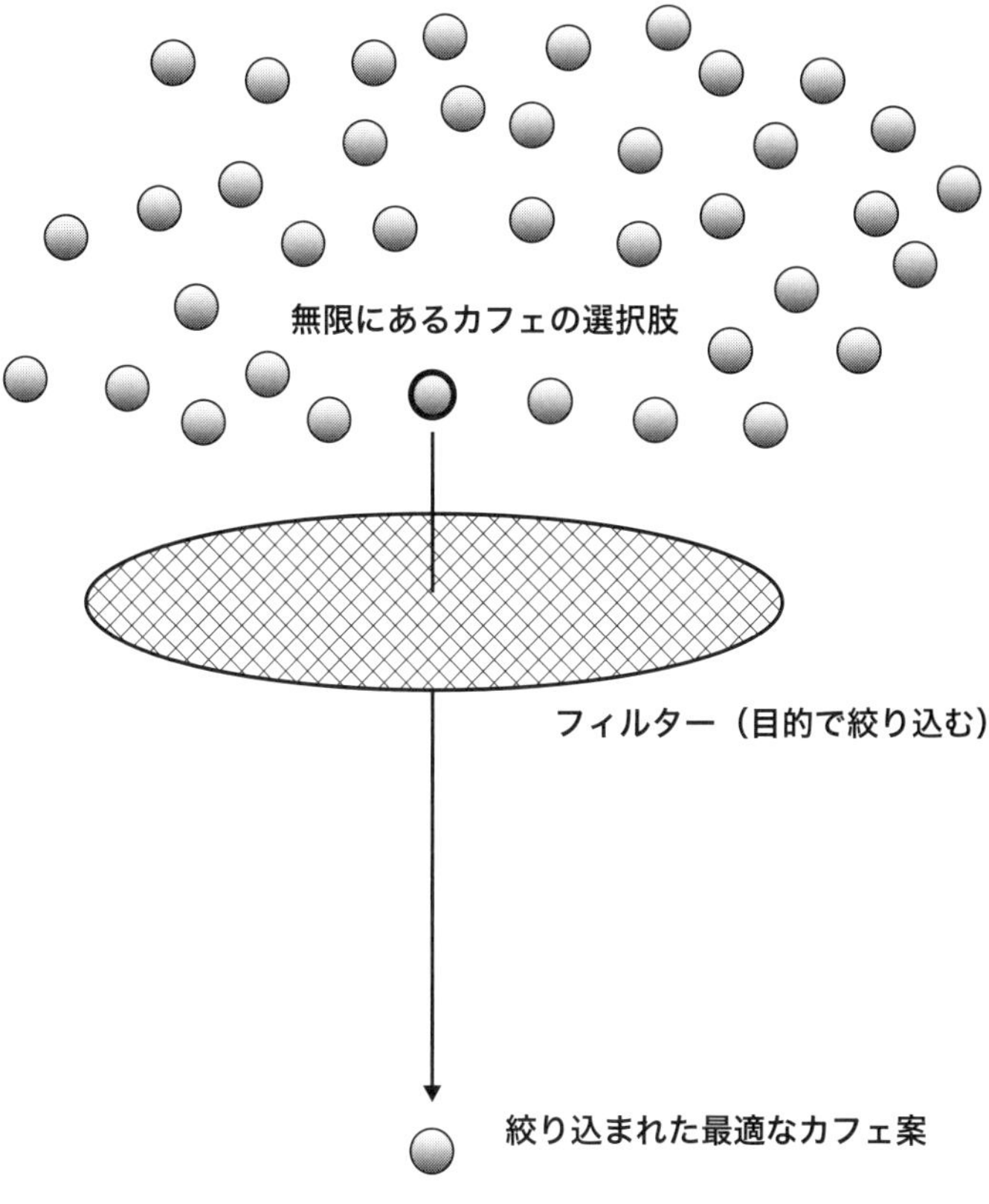

カフェを絞り込みで選択する

これは言い方を変えれば、**無限にある有彩色を20色の代表色に絞り込んだ**のです。

新色を検討するには、この20色の色相の明度や彩度、色の組み合わせを変えたりしてみればいいのです。

非常に効率的で、無駄のない方法です。

このように絞り込み思考で考えると、さまざまな作業や思考が無駄なく、ぐんと効率的になります。

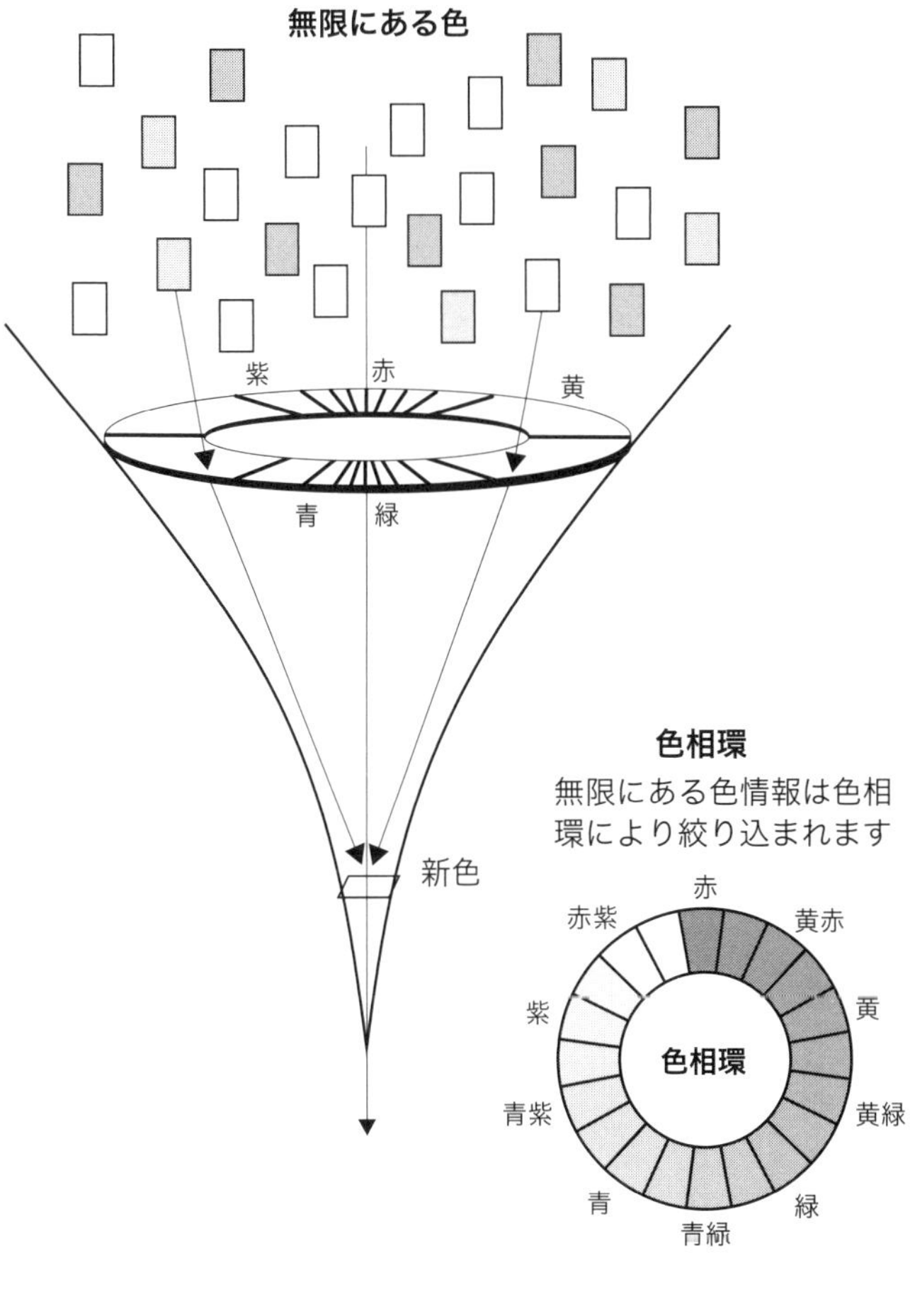
無限にある色
紫
赤
黄
青
緑
新色
色相環
無限にある色情報は色相環により絞り込まれます
赤
黄赤
黄
黄緑
緑
青緑
青
青紫
紫
赤紫
色相環

色相環の機能

絞り込みは制約に沿って行う

私たちは日頃、意識的に、または無意識的に、さまざまな形で絞り込みを行っているとお話しししました。

では、無限にある情報の中から、どのように絞り込みを行うのでしょうか。

その指針となるのが、**「制約」**です。

先ほど、カフェを選ぶ際には、次のようなことを考えて絞り込みを行い、解決案を導き出しました。

・カフェには1時間後の打ち合わせまで滞在する
・仕事をしたいので、ゆっくりできる場所がいい
・現在地からなるべく移動したくない

これらは、カフェを選ぶ際の「制約」です。

このように、**絞り込み思考では、制約に沿って絞り込みを行っていきます。**

制約にはいくつかの種類がありますが、そのうちの最もシンプルなものが、**目的**です。

別の例で考えてみましょう。

東京から大阪に出張する場合、どのような交通手段が考えられるでしょうか。

①自動車
②新幹線
③鈍行電車
④飛行機
⑤夜行バス
⑥船
⑦徒歩や自転車（現実的ではありませんが）

など、さまざまな方法が挙げられます。

このような意思決定の際、私たちは置かれている状況（使える時間、費用、体力など）から「目的」を決め、最終判断をします。

「現実的な方法でできるだけ安く行きたい」というのが目的なら、夜行バスで行き、翌朝到着することも考えるでしょう。疲れますが安い費用で行けるので魅力的です。

当日大切な会議があるので、「大阪に、無難に、確実に着くようにする」というのが目的ならば、新幹線の選択が最終案として絞り込まれるかもしれません。

住居を購入するときも、目的という制約に沿って、場所や住居形態などが絞り込まれます。

職場が都心にあり、「通勤時間を短くしたい」という目的の場合は、狭くても職場に近いマンションにするでしょうし、「田舎で生活したい」というのが目的ならば、通勤時間はかかりますが、郊外の一戸建てを選ぶと思います。

このように、**目的という制約から答えが定まる**のです。

自動車を購入する、家を建てる、食事をする、就寝する、会社に就職する、遊ぶなど、私たちのさまざまな行動には、すべて目的があります。

目的は、言い換えれば、**「〇〇をしたいなどの期待・願望」**とも言えるでしょう。

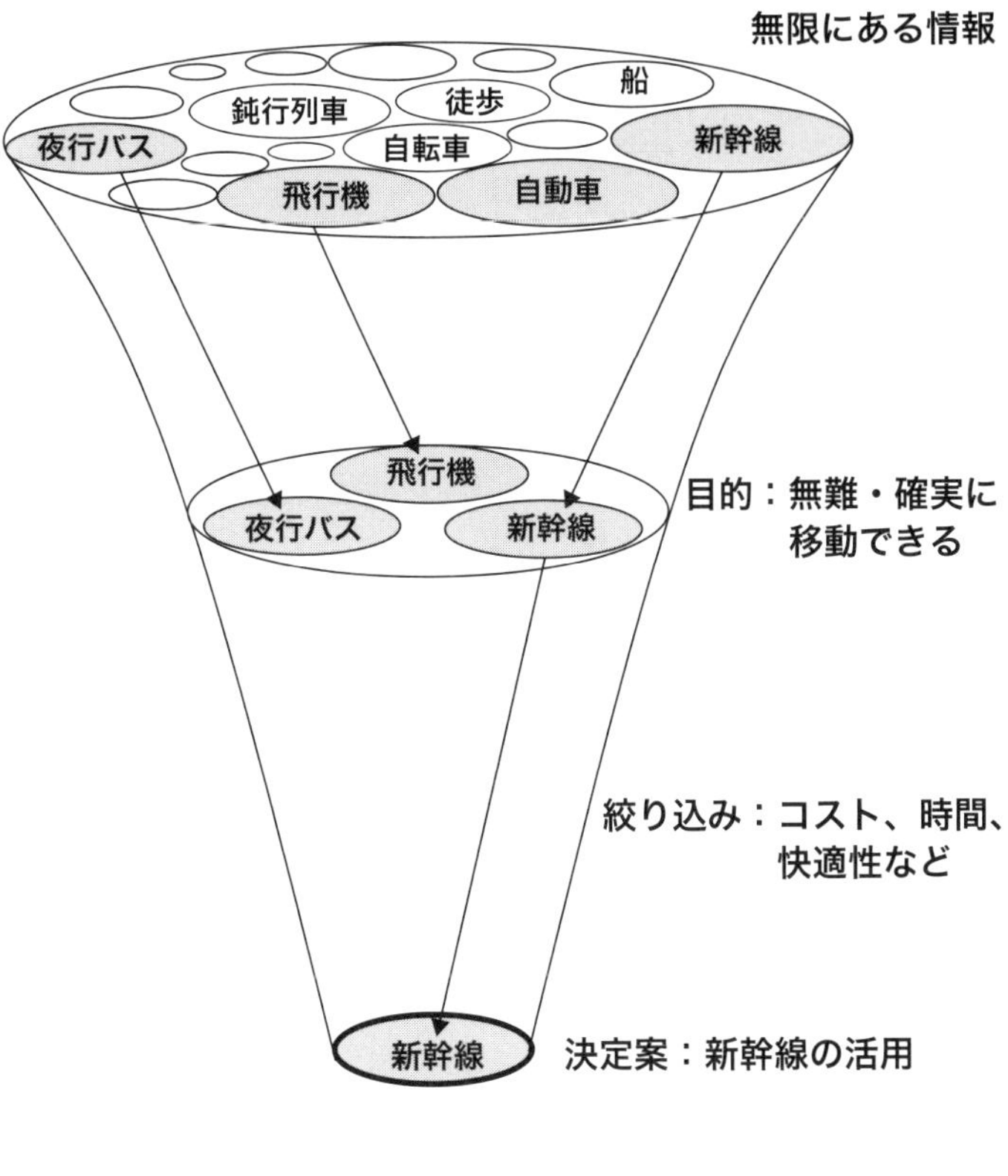

東京から大阪に行く手段の絞り込み

制約を具現化したものは、街の中にもたくさんあります。

「公園内で自転車を走らせてはいけません」「ゴミはこのゴミ箱に捨てましょう」などの注意書きも、制約の1つと言えるでしょう。

これらの制約により、多くの人はその公園で自転車に乗りませんし、ゴミをポイ捨てしないという選択をします。

また、ある特定の座り方しかできないイスなども制約によるものです。

その形状により、無意識にですが、私たちは「ある特定の座り方をする」という制約に沿って、そのイスに座るという選択をします。


制約を考えるのは、目的の実現のためです。

公園内で自転車を走らせてはいけないという制約は、安全を確保するという目的のためですし、ある特定の座り方しかできないイスは、ホームが狭い駅にイスを設置するという目的に沿ってつくられたものです（左ページの写真参照）。

このように制約は、絞り込みを行ううえで必要不可欠なものなのです。

警告という制約を具現化した注意書き

座り方の制約を具現化したイス

他の思考法との違い

絞り込み思考は、よく耳にするデザイン思考やシステム思考、水平思考などとは、どう違うのでしょうか。

それぞれ、違いを見ていきましょう。

デザイン思考は、簡単に言えば、現場でモノ・コトと人間との関係を中心に観察を行い、そこから得た気づきをもとに何かをつくったりアイデアを出したりする思考法です。良いアイデアが出たら、製品模型や操作画面などをつくり、使い勝手や造形などを検討します。次に、このアイデアに対して関係者から意見をもらい、改良していきます。日本の製品デザインは、半世紀以上前からデザイン思考とほぼ同じような方法で行われてきました。

しかし、**デザイン思考は決して簡単ではありません。**

例えば、家庭で前日の残り物を使って新しい料理をつくる場合、残り物なのでレシピはなく、自分のアイデアで新しい料理をつくることになります。

この場合、料理経験が不足していれば、必ずしもおいしい料理ができるという保証はありません。

もちろん、プロであれば残り物を使っておいしい料理をつくることができるでしょう。

これと同じで、**デザイン思考を行うには、それなりのトレーニングが必要**なのです。

デザイン思考は、属人的な方法（その人の能力に依存する方法）なので、誰でも簡単にできるものではないのです。

また、デザイン思考をしたからといって、すぐに成果が出るというわけでもありません。

システム思考は、問題の全体をとらえて関係性を読み解き、論理的に解決案に落とし込む思考法です。

このプロセスは絞り込み思考のプロセスと似ていますが、全体をとらえるために数多くの要素について考える必要があるため難しく、時間もかかります。

水平思考は、従来と違う視点から発想する思考法です。

従来の視点・枠組みから離れて柔軟に発想するので、新しいアイデアが出る可能性があります。

とはいえ、水平思考もデザイン思考と同様、個人の能力に依存する部分が多いと言えるでしょう。

数学の問題を解く方法には、自分で解法を考えて解を求める鶴亀算と、手順に従って解を求める方程式がありますが、この観点から考えると、デザイン思考と水平思考は鶴亀算に近く、発想やアイデア出しが得意な人には良い方法です。

一方、システム思考と絞り込み思考は方程式に近く、慣れれば誰でも使えます。

特に絞り込み思考は、制約を決めてどんどん絞り込んでいくだけで、誰でも簡単に最短で答えを導き出すことができます。

これまで生み出されてきた数多くの思考法が、プロや長年の経験者、頭の回転が速い人など一部の人たちだけが活用できる思考法であるのに対し、**絞り込み思考は万人のための思考法**と言えるでしょう。

絞り込みなしに失敗した事例

常にさまざまな制約に沿って絞り込みをしている私たちですが、「〇〇したい」という単純な願望などではなく、もう少し複雑な問題の答えを出すときに、制約を軽視・無視してしまうことが多々あります。

絞り込みの際の制約が、色相環のように整理されていない場合が多くあるのです。制約を軽視・無視してできた人工物は世の中に数多くあります。

制約と絞り込みなしに失敗した人工物の事例を、いくつか見てみましょう。

①新国立競技場のデザインコンペ

予定建設費用や建物の面積が大幅に増えたにもかかわらず、造形がダイナミックであるという理由でデザイン案が決定されました。しかしその後、費用超過や周辺環境との不調和などの理由から決定したデザイン案が撤回されました。

未来に誇れるようなデザインにしたいという目的（制約）は間違いなくあったものの、制約をさらに厳密に決めて、想定した総費用内に収めることができていたら、再度デザインを募集するという事態にはならなかったことでしょう。

②コンコルド開発

コンコルドとは、イギリスとフランスの航空会社がコンソーシアム（共同事業体）をつくり、共同で開発したマッハ２を超す超音速旅客機です。１９７６年に運用が開始されましたが、採算が合わず、２００３年に運航が停止されました。

開発途中で採算が合わないことがわかっていたようですが、そのままズルズルと開発を続けてしまいました。

③京都市のゴミ箱

京都市の外観を損ねないような円筒状の黒いゴミ箱は、本体の外に透明のゴミ袋が出ていて、ゴミ挿入口に蓋として透明のアクリル板がついています。

蓋はあとからつけたようで、本体が円形で挿入口が湾曲しているのに、平らなアクリル板を取り付けたがために隙間ができ、見栄えが悪くなっています。

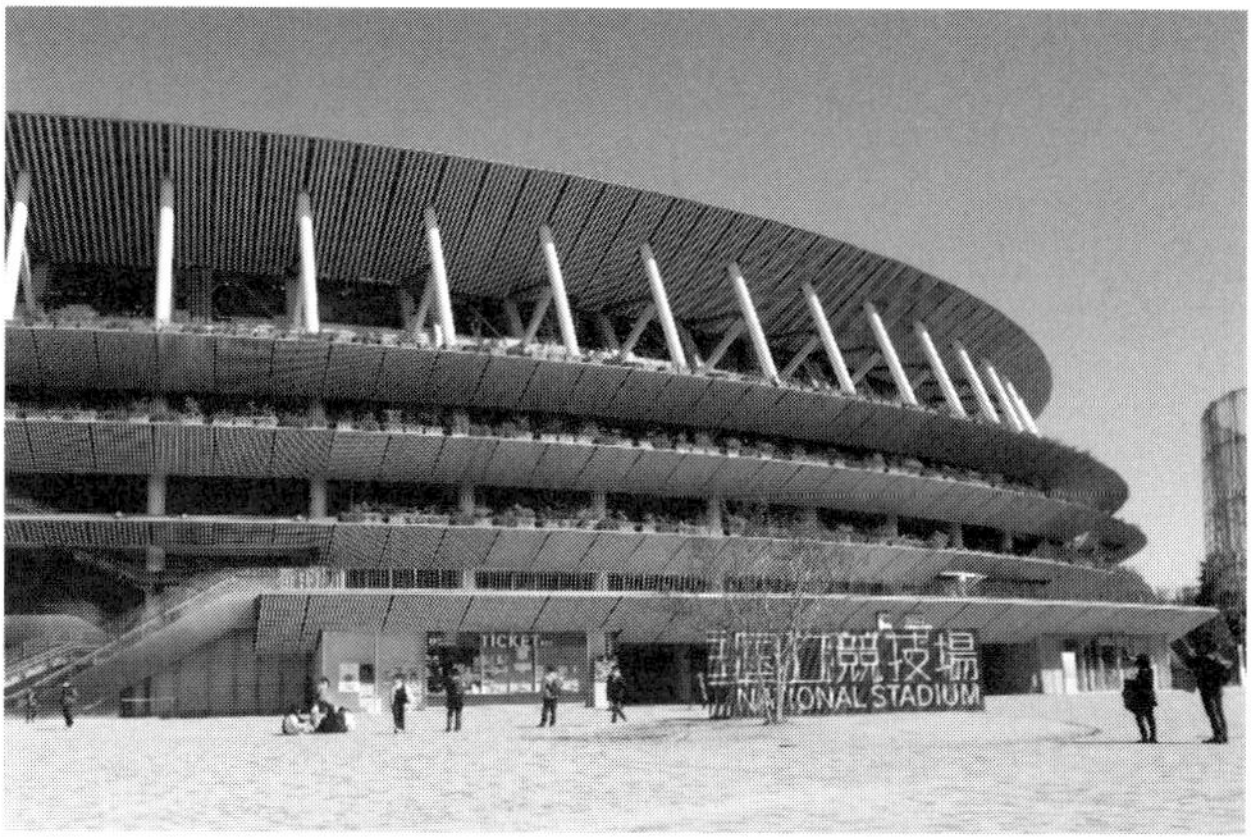

最終決定された国立競技場

京都市のごみ箱

ゴミ箱自体は色味や形など京都の街並みに違和感なく溶け込んでいますが、最適のゴミ箱の形状とは言えません。

これも、制約が甘かったせいだと言えるでしょう。


他にも、制約なしにつくって失敗した人工物は歴史上、枚挙にいとまがありません。

これらの失敗の事例は、目的を明確にし、制約を決めたうえで考えていれば、問題をクリアする答えが見つかったはずです。

制約の大切さが、これらの例からもわかるのではないでしょうか。

制約の手がかりとなる体験と知識

絞り込み思考は誰でもできる思考法ですが、絶対に必要なものがあります。

それは、**制約の手がかりとなる体験や知識**です。


昔、テレビで腕利きのデパートのバイヤーを紹介していました。

マフラーの特別展を開催するために、各メーカーが製品を提案するのですが、このバイヤーは瞬時に良否を見極め、これはＯＫ、これはダメと判断していました。そして実際の展示会でこのバイヤーが選択したマフラーは即完売になったのです。

長年の経験とそこから得た知識から、適切な判断ができたのでしょう。


また、以前、大手メーカーの製品デザイナーと話をしたことがあります。

あるインターフェース（情報技術）の問題点の解決のために４人でディスカッション

し、検討をしたそうなのですが、4時間かかって、やっと解決することができたと聞きました。

しかし、人間工学の知識があれば、1人で5分もあれば済む内容でした。

このように、知識があるということは、アイデアの発想や思考に役立ちます。

知識などあまりなくても、何人かでブレインストーミングなどを行えば、いいアイデアが生まれるなどとよく言われますが、果たして本当にそうでしょうか？

同じ職場の同僚や身近な人であれば、価値観やモノの見方も似通っている場合が多いので、同じような意見しか出てきません。

もちろん、考えるときに他人に相談やヒアリングなどをしてもいいですが、最終的には自分で徹底的に考えなくてはいけません。

その際に必要となるのが、体験と知識なのです。

とはいえ、この世のすべてを体験したり、すべての知識を身につけたりするのは難しいでしょう。

そこで本書では、巻末に付録として、体験と知識に関する300の項目をまとめました（179ページ参照）。

３００の項目から関連するキーワードを見つけて、そのキーワードから体験と知識の情報を増やしていくことができます。

そもそも思いつきもしないキーワードをまず知ることにより、効率良く絞り込み思考を実践できるようになります。

この体験・知識の３００の項目群について、次のページから、さらに詳しく解説していきましょう。

体験と知識とは何か

新しいアイデアは、体験と知識の組み合わせから、あるいは体験、知識のそれぞれから生まれます。それらの結びつきや展開を考えるのが思考です。

体験は記憶され、知識となりますが、本書では体験・知識という枠組みでまとめています。

巻末付録では、体験・知識を、次の５つの領域に分類しました。

①社会・経済・文化
②時間
③空間
④人間
⑤製品・システム

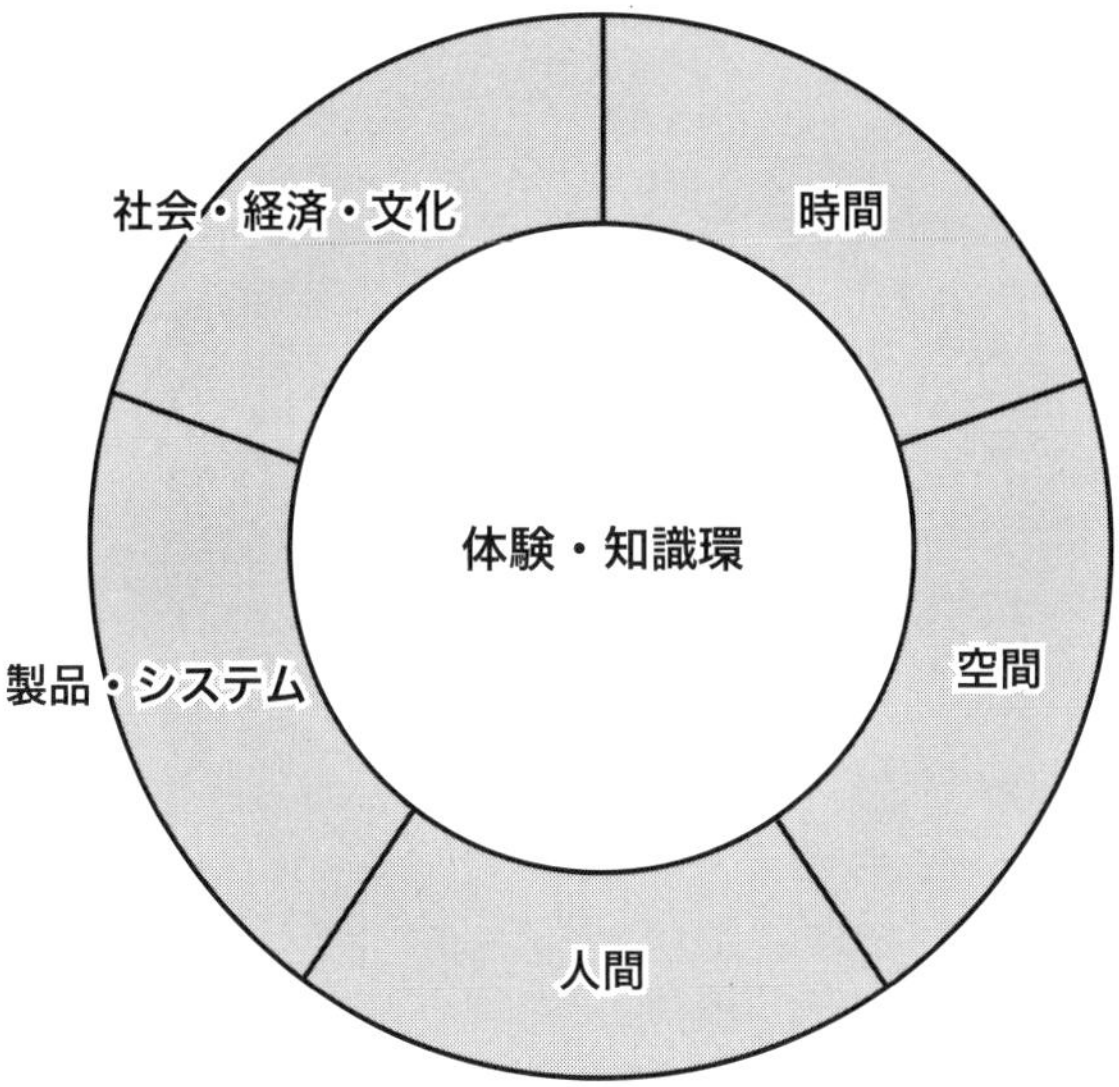

体験・知識環

この5領域の体験・知識の枠組みは、先に紹介した色相環に相当します。無限にある色を色相環という形でまとめたように、無限にある体験・知識を5つの領域に分類してまとめたものです。

これを、本書では**「体験・知識環」**と命名しました。

ただ、色彩と異なり、私たちの世界を覆っている情報は時間とともに変わるので、この体験・知識環は、常にチェックし更新する必要があります。

時代の流れとともに新しい用語や考え方が出てくるので、そのときはこの体験・知識環に追加して自分のデータ集（データベース）をつくるといいでしょう。

また、使われなくなった用語は削除してもかまいません。難しくはないので、ぜひ作成してみてください。皆さんにとって、世界に1つしかない体験・知識環になるでしょう。

詳しい活用方法について、次の項で解説しましょう。

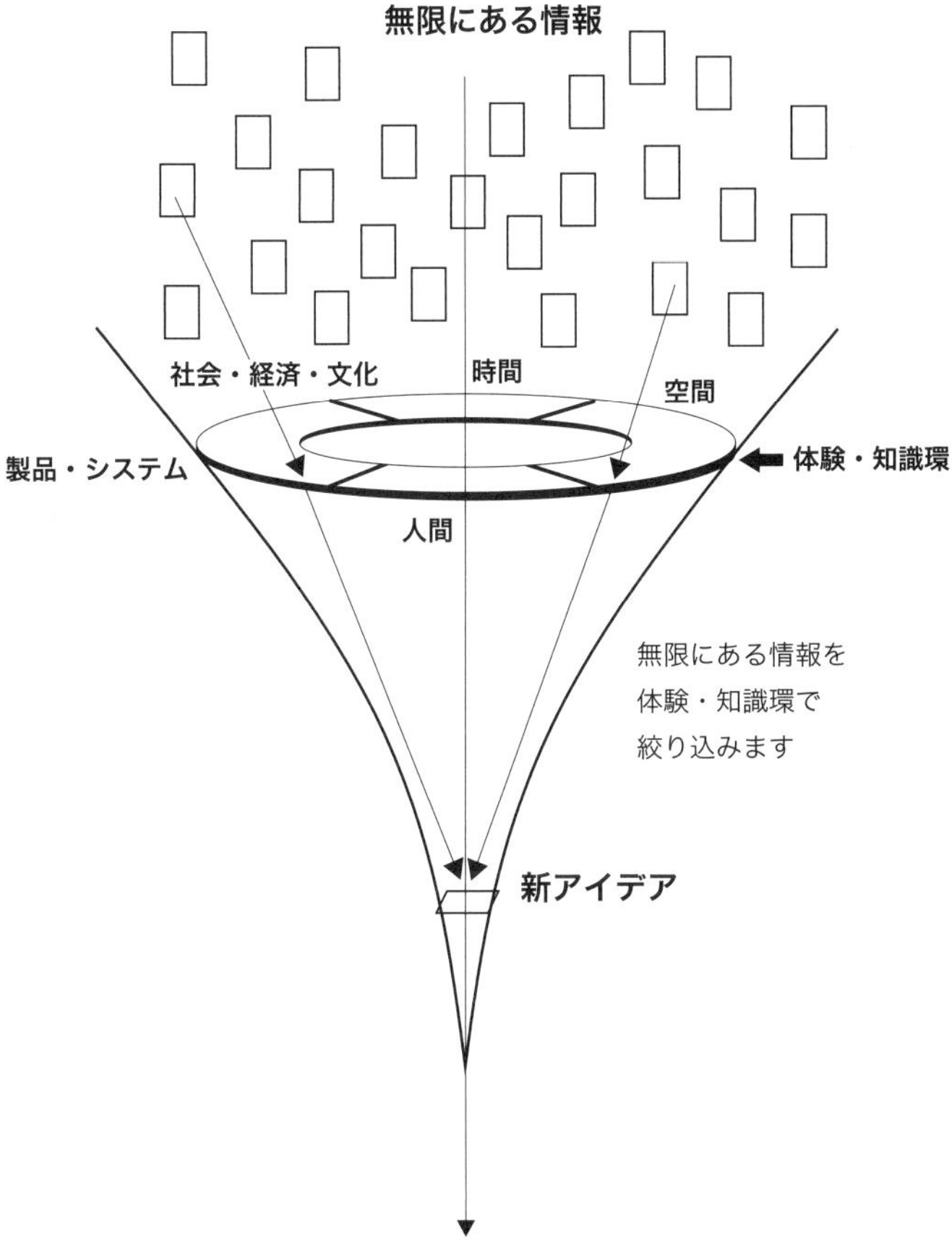
無限にある情報
社会・経済・文化
時間
空間
製品・システム
体験・知識環
人間
無限にある情報を
体験・知識環で
絞り込みます
新アイデア

体験・知識環の活用

自分の「体験・知識環」をつくる

独自の「体験・知識環」（300項目）のデータベースをつくる方法を紹介します。

この「体験・知識環」（300項目）は、思考のサポートをしてくれますが、すべての問題には対応できません。

重要と思われる項目を抽出して掲載しましたが、人によっては足りない項目もあることでしょう。

そこで、独自に「体験・知識環」にデータを追加する方法を3つご紹介しましょう。

1. 不足項目があれば、追加して自分なりの項目を追加する
2. 新たに何か体験したことで重要だと感じたものを追加する
3. 新聞や雑誌、ネットなどで重要だと思うキーワード収集して追加する

このように項目を追加したら、次の手順でグループ化を行うとより良いでしょう。

①項目をグループごとにまとめる

項目間の共通の要素を探しましょう。この共通要素が、これらのグループの上位項目になります。例えば、リンゴ、ミカン、バナナであれば、その共通の要素（上位項目）は「果物」です。

②グループ化された項目群から、さらなる上位項目を決めていきます。

共通の要素をさらにまとめて、さらに上の上位項目を決めます。例えば、「果物」「野菜」「穀物」などをまとめて、「食べもの」とします。

③①と②を繰り返して、もうこれ以上は無理というところで最上位項目を決めます。

この最上位項目が、グループ全体を表すキーワードです。

「手段→目的」の関係からまとめてもいいでしょう。

例えば、「登山をする」「マラソンをする」「ヨットで太平洋を横断する」は手段なので、これらの共通の目的を考えます。

すると、「達成感を得る」などのキーワードを得ることができます。

逆に、ある項目を分解したい場合は「目的↓手段」の関係から分解ができます。

例えば、「減量したい」は目的なので、その手段として「糖質制限をする」「運動をする」「食事量を減らす」などが考えられます。


自分の仕事の分野や時代の流れ、関心がある領域のキーワードを常にチェックすると良いでしょう。新聞や雑誌、ネット（内閣府の景気ウォッチャー調査などが役立ちます）などから仕事に関係ある項目や時代の流れを意味する項目などを集めるのです。

このような作業を続けていくと、皆さんの感度がだんだんと良くなっていくのが実感できると思います。

こうして、自分だけの「体験・知識環」の項目が集まれば、絞り込みはより簡単になっていくことでしょう。

2章　無限にある情報を絞り込む方法

絞り込み思考の流れ

この章では、実際に絞り込み思考を行う方法についてお話ししていきましょう。

すでにお伝えしたように、絞り込み思考は、「制約」に沿って行います。

そのため、制約を明確にする必要があります。

絞り込み思考を行う際の制約は、**「目的」「構造化コンセプト」「可視化」「評価」の4つ**です。

ただ、1章でお話ししたカフェ選びや東京から大阪への移動手段など、テーマや問題がシンプルな場合は、「目的」のみで絞り込むことができます。

絞り込み思考の手順は、次の通りです。

①無限にある情報の中から、まず「目的」に沿って絞り込みを行う

目的とは、大まかな方針です。テーマや問題がシンプルであれば、目的のみで結論を出

すことができます。

②「構造化コンセプト」をつくる

構造化コンセプトも目的と同様、制約のうちの1つです。テーマや問題が複雑な場合は目的という制約のみで答えを導き出すことは難しいため、より詳しい制約となる構造化コンセプトをつくり、さらに絞り込んでいきます。

③「可視化」した案をつくる

構造化コンセプトから「可視化」した案をつくります。可視化した案は、デザイン開発などであれば具体的な絵や立体図になります。企画案などでは、やるべきことをより具体的に文章にまとめてもいいでしょう。実際に、解決案を目に見える形に落とし込んでみます。

④「評価」する

最後に、可視化した案が構造化コンセプトに適合しているかどうかを確認します。これが、「評価」です。

「目的」「構造化コンセプト」「可視化」「評価」がそれぞれ、制約となります。

制約は、無限にある情報を絞り込む「ふるい」とも言えるでしょう。

「目的」→「構造化コンセプト」→「可視化」→「評価」の順で絞り込んでいくことにより、途中でブレることなく、最短で解決案を導き出すことができます。

ただし、人間関係の問題など、可視化が難しいテーマや問題の場合は、可視化はせずともOKです。

構造化コンセプトの作成後に評価を行いましょう。

それでは次の項から、「目的」「構造化コンセプト」「可視化」「評価」について、それぞれ詳しく解説していきましょう。

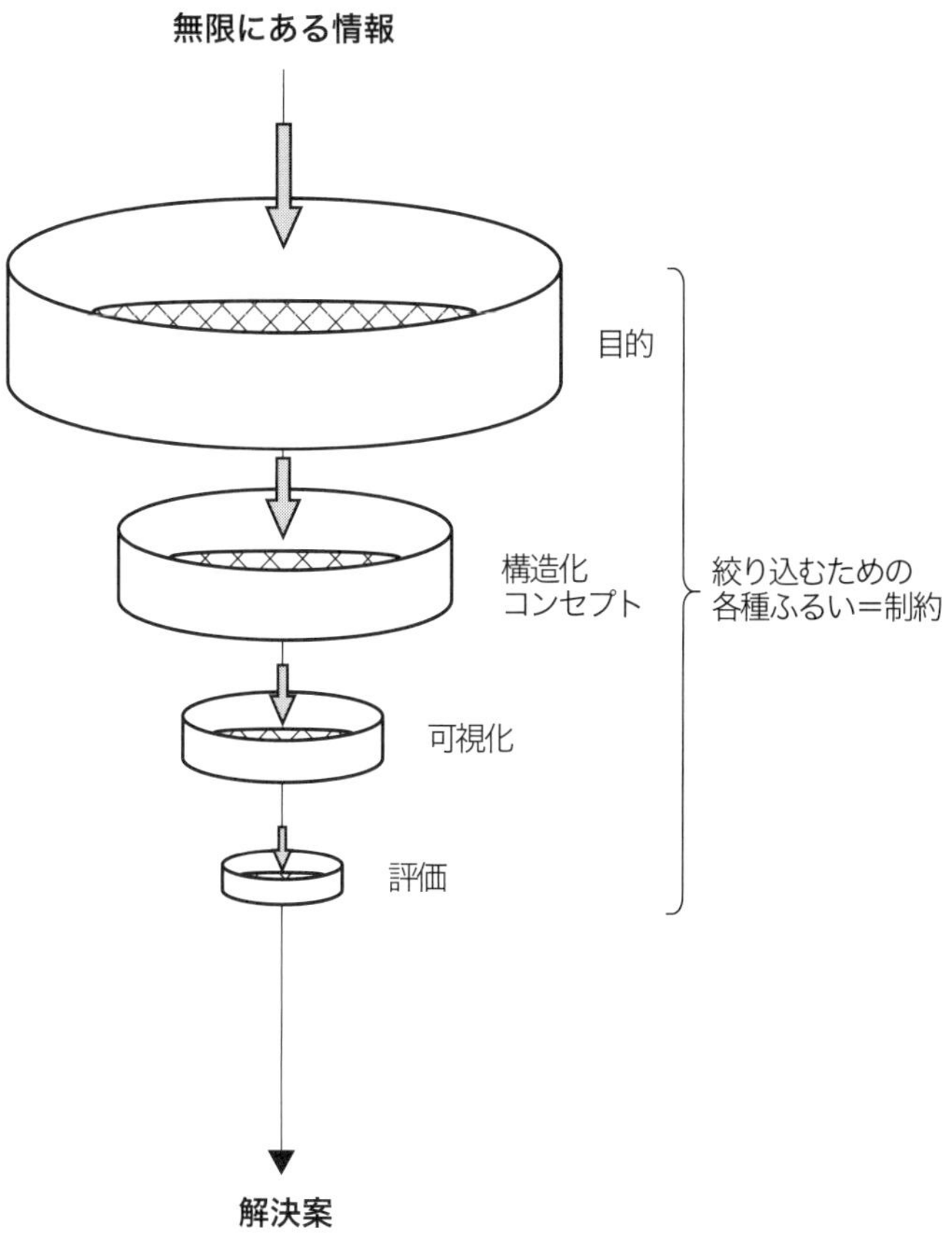

絞り込みのプロセス

制約① 目的とは何か

突然ですが、質問です。

カメラに関する次の2つのシーンで、皆さんならどのように答えを導き出すでしょうか。

①カメラの新製品を開発する場合

②旅行先で写真を撮るためのカメラを選ぶ（意思決定）場合

①カメラの新製品を開発する場合

多くの人の場合、現状よりも良い製品を開発したいので、既存のカメラの機能や使い勝手などの問題点を洗い出し、それらに対する解決案を先に考えるのではないでしょうか。

しかし、多少の改善程度では、ユーザーは振り向いてくれません。そもそもこの製品はどうあるべきかという目的を明確にする視点が重要です。

②旅行先で写真を撮るためのカメラを選ぶ（意思決定）場合

目的が「旅行先で写真を撮りたい」という場合は、どのようなカメラを選べばいいでしょうか。

目的をもう少し詳しく考えてみましょう。

単なる記録用写真なのか、光や構図を考えた本格的な写真を望むのかなどの目的によって、選ぶべきカメラは変わります。

記録用写真ならば小型カメラやスマートフォンで十分でしょう。

このように、目的により導き出される答えは変わります。故に、目的は非常に重要な概念です。

目的を考えることは、そのモノ・コトの本質を理解することでもあります。

1章のカフェ選びの例では、カフェに行く目的が「自分を癒やすこと」なのか、「ビジネスの打ち合わせ」なのかによって、答えが変わります。

目的は、問題解決のための方向性を示すものです。どんなテーマや問題と向き合う場合

にも、しっかりと明確にする必要があります。

この目的をあいまいにしたままでは、私たちは何も行動できません。

しかし、目的をあいまいにしたまま解決案を導き出そうとする人は多くいます。

先の国立競技場や京都市のゴミ箱の例も、目的があいまいなままデザインをしてしまった例と言えます。

絞り込み思考においても、まずは目的から絞り込むため、４つの制約の中でも目的は特に重要です。

どんな問題であっても、まずは必ず目的を明確にするようにしましょう。

制約②　構造化コンセプトとは何か

構造化コンセプトとは、目的から絞り込まれた具体的な方針を明らかにした体系図です。

カフェを選ぶ際など目的のみで解決案を絞り込むことができますが、製品開発や企画立案など、テーマや問題が少し複雑な場合は、目的をもとに構造化コンセプトをつくり、さらに絞り込みをしていきます。

構造化コンセプトのつくり方は、次の通りです。

①目的から構造化コンセプトの最上位項目を決め、それを実現するための項目（第二階層）をいくつか絞り込む。問題によっては、目的がそのまま構造化コンセプトの最上位項目になることもあります。

②第二階層の項目に、ウエイト値（重要度）をパーセントでつける。ウエイト値は合計100％になるようにする

③第二階層の項目から、さらにそれを実現するための項目（第三階層）を絞り込む
④第三階層からパーツ案を作成する
⑤パーツ案を結合して最終案をつくる（1つの答えを導き出す場合のみ）

これらは、頭の中だけで考えるのではなく、実際に書き出すことが大切です。

製品の開発やデザインの作成時などに、コンセプトをつくることは多いでしょう。しかし、従来のコンセプトは箇条書き程度で済み、その中でどの項目が重要かは明確にはわかりません。

一方で、絞り込み思考における構造化コンセプトは、三階層程度に階層化し、二階層目の項目にウエイト値（重要度）をパーセントでつけ、合計100％になるように調整します。このウエイト値に対応して、コストや労力の配分をします。重要な項目は大きなウエイトにすることにより、ウエイト値の高い項目を優先させて実現を目指すことができます。

このようにコンセプトを構造化させることにより、複雑な問題に対する解決案も的確に絞り込むことができます。さらに詳しい構造化コンセプトのつくり方については、次の「可視化」の項目で解説していきましょう。

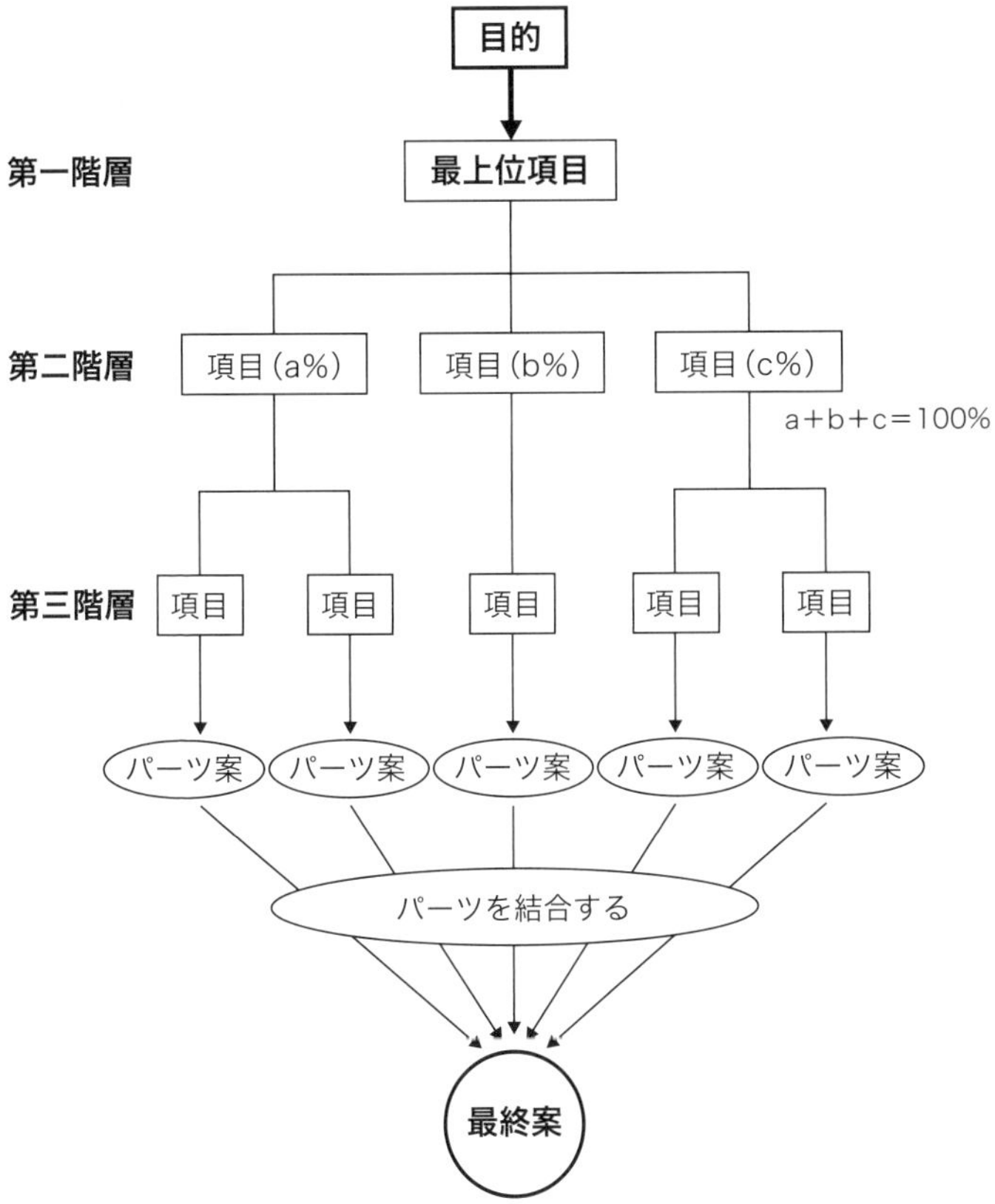

構造化コンセプトの構成

制約③　可視化の方法

可視化とは、目に見えないものを目に見える形にすることです。

可視化能力を上げることは、仕事をするうえでも効果的です。言っていることがよくわからなくても、図にすると瞬時にしてわかることは多々あります。

絞り込み思考では、構造化コンセプトを目に見える具体的な形にまとめます。

具体的には、構造化コンセプトの最下位の項目をパーツ案にします。

このパーツ案を一体化して目に見える形にすれば、最終案になります。

可視化の機能をより理解してもらうために、名刺のデザイン案を例にとって説明しましょう。

目的を自己PRとし、構造化コンセプトの**最上位項目を「自分を確実に知ってもらう」**としたとします。

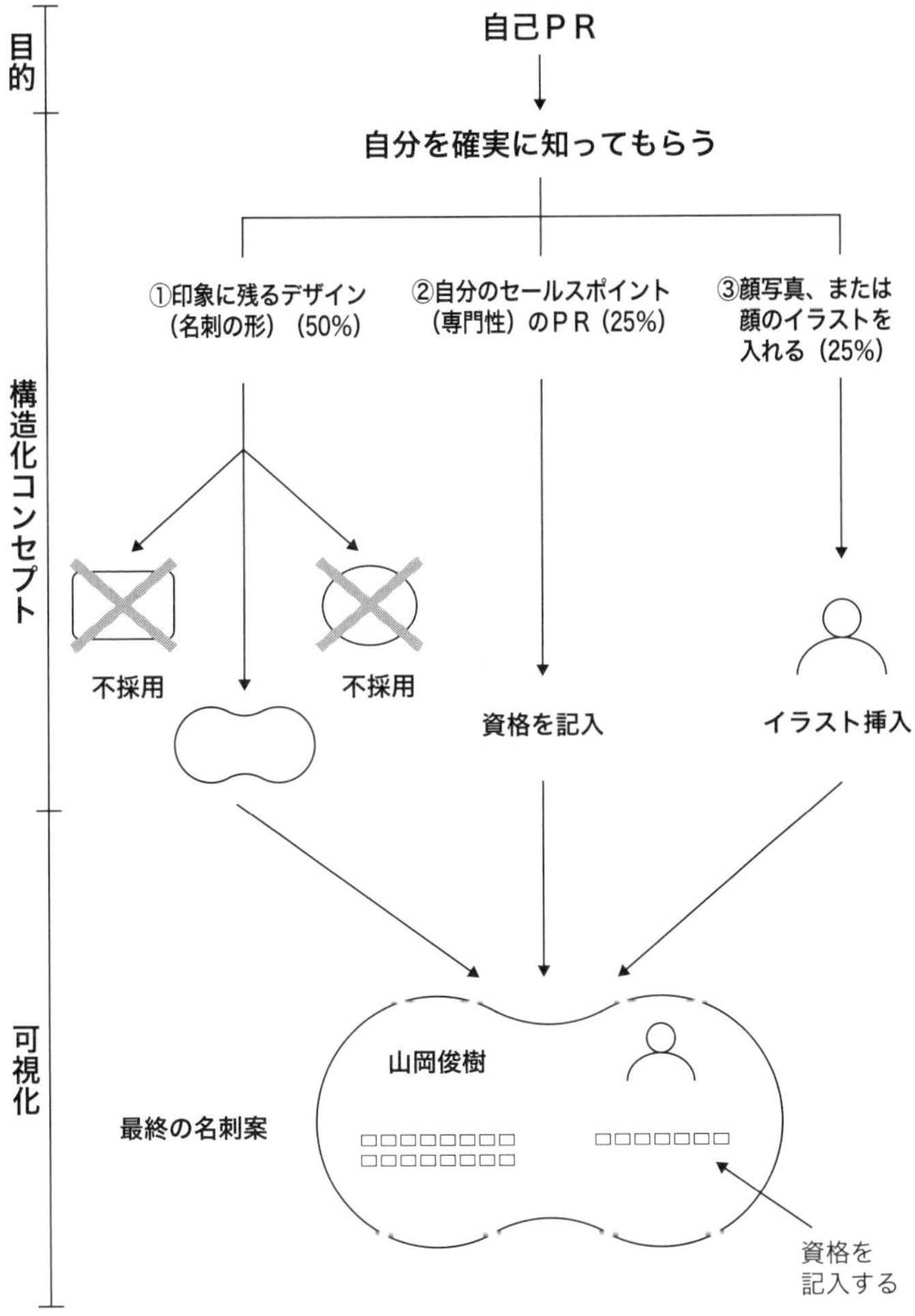
目的
構造化コンセプト
可視化
自己ＰＲ
自分を確実に知ってもらう
①印象に残るデザイン（名刺の形）（50%）
②自分のセールスポイント（専門性）のＰＲ（25%）
③顔写真、または顔のイラストを入れる（25%）
不採用
不採用
資格を記入
イラスト挿入
最終の名刺案
山岡俊樹
資格を記入する

名刺デザインの可視化

この場合、第二階層の項目は、

①印象に残るデザイン（名刺の形）（50％）
②自分のセールスポイント（専門性）のPR（25％）
③顔写真、または顔のイラストを入れる（25％）

などとすることができます。

59ページの例では、①印象に残るデザインから第三階層で、丸、四角、ひょうたん形の3種類の名刺形状を考えました。

その中でも、ひょうたん形が珍しく、より印象に残りやすいことから、ひょうたん形を採用しました。

こうしてそれぞれのパーツ案を一体化したのが、最終の名刺案です。

構造化コンセプトの最下位項目を一体化すれば、問題の全体の可視化が実現します。

可視化もまた、制約の1つです。

可視化することにより、構造化コンセプトに対応させて、さまざまな情報をさらに効率的に絞り込むことができます。

ただし、すでにお伝えしたように、人間関係など、可視化が難しいテーマや問題の場合は可視化はせずともOKです。

その場合は、各パーツ案が答えになります。各パーツ案が導き出されたら、評価を行いましょう。

制約④ 評価の方法

可視化を行ったあとは、出した答えが構造化コンセプトに合っているかを確認します。
これが、評価です。
評価も、絞り込むための制約の1つです。
方法は、次の2つです。

①検証（Verification）
可視化された最終案が、当初の構造化コンセプトに適合しているかどうかを確かめます。

検証をして少しでも構造化コンセプトに合っていない場合は再度、構造化コンセプトに沿ってパーツ案を可視化し、絞り込みを行っていきます。

②有効性の確認（Validation）

製品開発などが目的の場合は検証をしたうえでさらに、企画案やデザイン案、試作品がユーザーにとって良いものなっているのか、アンケートやインタビュー、ユーザビリティー（使いやすさ）調査などを行います。

ユーザーに製品や試作品を使ってもらってコメントを集め、何か問題点があれば、それをクリアするための対策を絞り込んでいきます。

検証や有効性の確認の結果、問題があったとしても、絞り込み思考の場合は構造化コンセプトがすでにあるため、それをもとに別の解決案を楽に導き出すことができます（詳しくは161ページの「コンセプトに基づいて意思決定する」で解説していますので、ご参照ください）。

「目的」「構造化コンセプト」「可視化」「評価」の4つの制約は、最後までブレずに答えを導き出すために不可欠です。紙に必ず書き出すようにしましょう。

絞り込み思考はマクロで考える

絞り込み思考は、マクロ思考とも呼べます。

無限にある情報の中から、目的や構造化コンセプトに沿って、どんどん絞り込んでいくからです。絞り込み思考では、まず全体を見ます。

マクロで見る場合、高い位置から、鳥のように上から全体を見るため、細部は見えず、全体的で抽象的な見方となります。

一方、ミクロで見る場合は低い位置から、虫の目のように細部を見るので、部分的で具体的な見方となります。

モノゴトは、高さ、広さ、視点の３つの見方を活用して、構造的に考える必要があります。

視座は見る高さで、視野は見る範囲、視点は見るために注視している点です。

昔、京都の東山に住んでいた頃、街が碁盤の目状に区画されているため、何がどこにあるかは比較的わかりやすかったのですが、遠い嵐山あたりに関しては位置関係があいまいでした。

しかし、一度、近くの山の頂上にある将軍塚から街を見たところ、全体の位置関係がよくわかりました。

視座が高くなり視野が広がると、全体象をつかむことができるのです。

天気予報も同様です。テレビでマクロ情報である全国の天気図を見ると、瞬時に雨雲の動きなど、天気の概要がわかります。

一方、ある現地の状況をテレビ中継でミクロ的に見ると、具体的な風の強さや雨量などがわかります。

私たちは日常、ミクロから考えることに慣れています。そのため、ミクロの視座からモノゴトを見て考える癖がついてしまっています。

大学で教えていた学生たちも、インターフェースの研究やデザインを行うと、あるべき姿を考えるマクロの視点ではなく、身近な問題点であるミクロの視点（改善）からスタートする場合がとても多かったです。

ビジネスシーンで言えば、例えば営業の成績を上げたいと考えたとき、まず手元の資料の修正から始めたり、新しい顧客を増やすために手当たり次第、電話や訪問をしたりすることはないでしょうか。

製品企画でも同様のケースが多いでしょう。

それがダメだというわけではありませんが、導き出す答えは改善レベルの結果となってしまい、斬新な成果を得ることは困難です。

日常の思考の慣れから、身近なミクロの視座で考えることのほうが簡単に思えるかもしれませんが、**思考はマクロ（鳥の目）からミクロ（虫の目）へ巡らせるほうが、効率的に行うことができます。**

例えば、自転車を購入する際、健康のために野山を駆け巡りたい（マクロ）と希望すると、その具体例として、マウンテンバイクを購入する（ミクロ）という思考プロセスをとるのが普通です。これは、まさに絞り込み思考です。

制約の世界にいる私たちは、全体を見たあと絞り込んで、詳細を見て結論を導き出すのがもっとも効率的なのです。

最初に大まかなマクロの視座（見ている目の高さ）で考察し、次にミクロの視座で詳細を検討するのです。

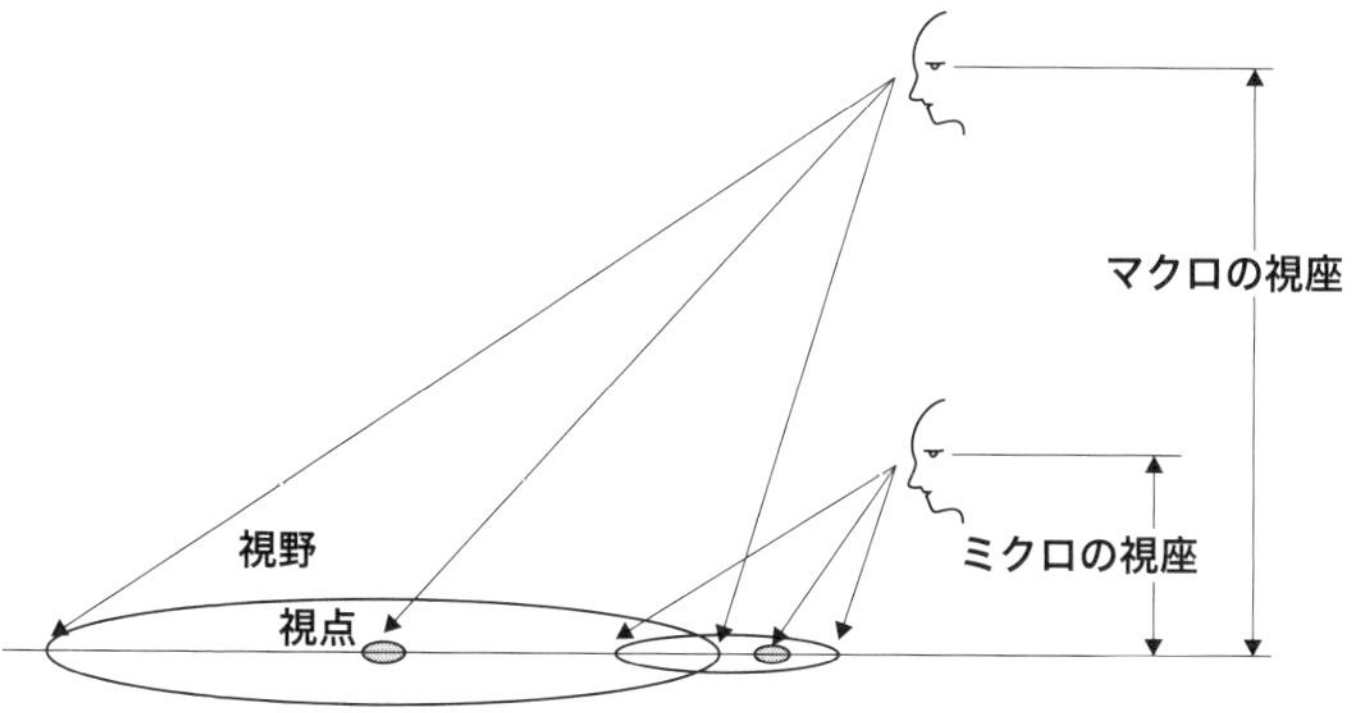

マクロとミクロの視座、視野、視点

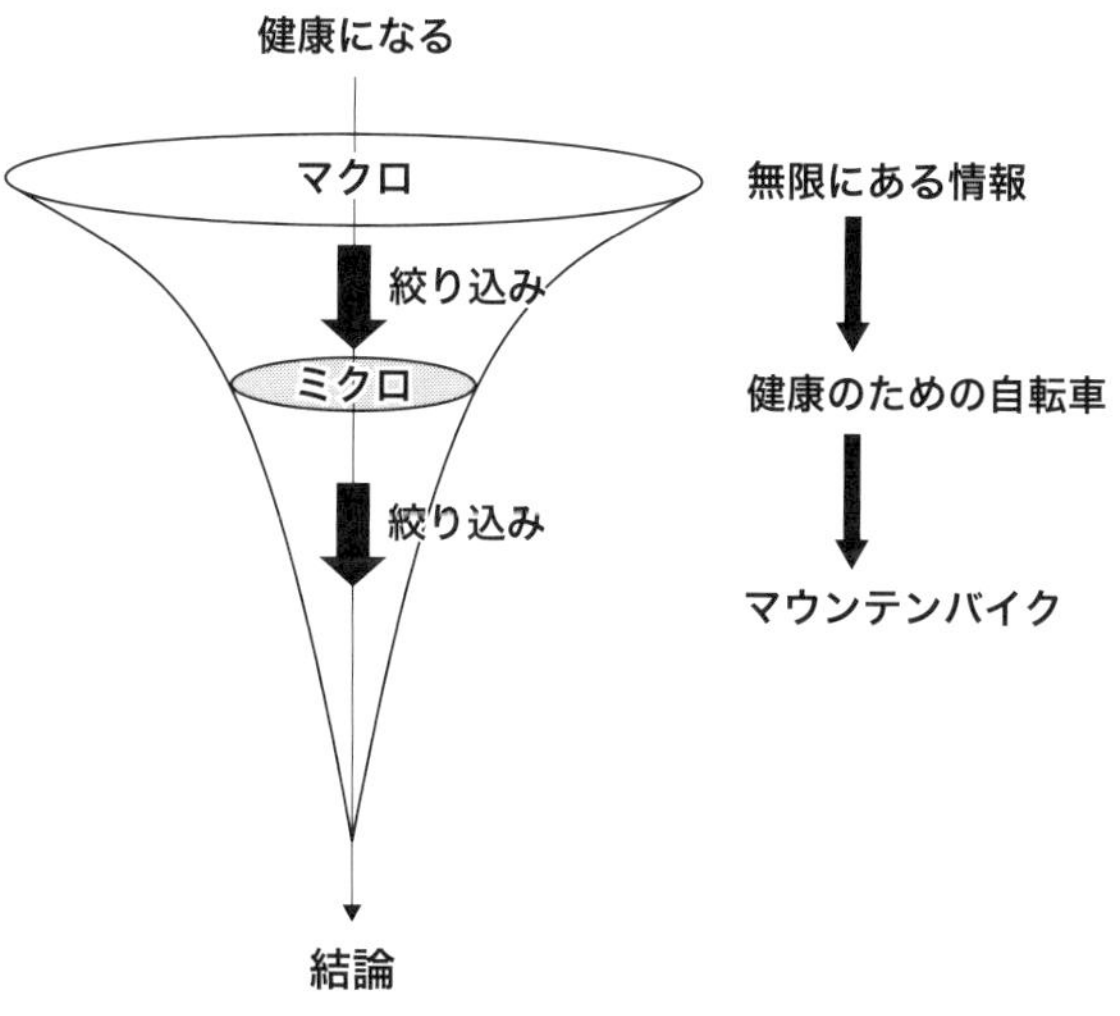

マクロからミクロへ絞り込む

常に何事も、マクロからミクロへと考える習慣をつけておくと、絞り込み思考をより効率的に行えるようになるでしょう。

3章　もっと絞り込み思考を身につける

「体験・知識環」の使い方

1章で、絞り込み思考に必要な体験・知識を、「①社会・経済・文化」「②時間」「③空間」「④人間」「⑤製品・システム」の5領域に分類しました。

皆さんがすぐに活用できるよう、この5領域の300項目を本書の付録として巻末に収録したのは、すでにお伝えした通りです。

さて、目的や構造化コンセプトをつくるときにためになるのが、この300項目ですが、300項目もあるので、構造化コンセプトをつくる前に、まずは一通り目を通すようにしましょう。

そのあと、テーマや問題に合った領域の項目をさらに詳しく見ていきます。

項目を確認することにより、具体的なイメージが湧き出る、項目群に触発される、項目の組み合わせを思いつく、といったさまざまな視点が生まれ、構造化コンセプトをつくり

やすくなるはずです。

３００項目は、基本はキーワードとなる単語のみを羅列していますが、このような手がかりがないと、いちから網羅的に調べて構造化コンセプトをつくるのは大変骨が折れます。

それでは実際に、３００項目の具体的な使い方について、解説していきましょう。

ここからは、巻末の付録と照らし合わせながらお読みください。

例えば、**「ゴミ回収システム」に関する問題の解決案**を出すとしましょう。

まずは目的を決めます。仮に「現状のゴミ回収システムをより良くする」にしたとします。

その後、構造化コンセプトをつくり、そこから絞り込んでいくわけですが、このときに３００項目を確認します。

この問題では、**「社会のあるべき姿」**（１８３ページ）の中の、**「ノーマライゼーション（高齢者や障がい者などが健常者と同等の生活を送れる社会）」**や**「人間に関する体験・知識」**（１８７ページ）の中の**「利他の考え」**などに着目できるかもしれません。

これらをヒントにして、例えば構造化コンセプトの最上位項目を「誰でも快適にゴミを出せるシステム」とします。

ここから、構造化コンセプトの第二階層を考えていきます。

このときに、もしも「ノーマライゼーション」という言葉や知識自体を知らないと、機能優先の一辺倒なゴミ回収システム案となり、人々にとって冷たいシステムになるかもしれません。

それは、構造化コンセプトに合った解決案とは言えないでしょう。

ちなみに、特に「社会・経済・文化に関する体験・知識」の領域は、マクロ的視点の項目が多いので、この領域で社会や経済の動きを確認したあとは、他の領域の項目も検討・チェックするのをおすすめします。


では次は、製造会社が**「営業の成績を上げたい」場合**について考えてみましょう。目的を「営業の成績を上げる」とします。

優秀な営業スタッフならば、事前に世の中の動向を調べ、顧客企業の特性を考えて最適な提案を行います。個々人がそれをできるようになるためには、どのように営業を行ったらいいのでしょうか。

早速、３００項目を確認してみましょう。

この問題の場合、例えば、**「社会の見方」**（180ページ）の中の**「考え方や働き方などの多様性」**や、**「社会のあるべき姿」**の中の**「サステナビリティー（持続可能性）」**などに着目できるかもしれません（もちろん、これだけが答えではなく、各会社の営業の現状や客先の特徴等に照らし合わせ、別の項目にヒントを得ることも十分に考えられます）。

仮にこれらを重視する提案が最適だと考えたとしたら、これらのキーワードをヒントに、構造化コンセプトの最上位項目を**「多様性に基づくサステナビリティーの実現」**などのように決めることができます。

そこから、構造化コンセプトの第二階層を「サステナビリティーを考慮した製品の提案（40％）」「子どもから大人まで幅広く使える製品（20％）」「リリイクルできる部品を使った製品（40％）」などのようにつくっていきます。

そして、その案を可視化してプレゼンをすればいいのです（この場合は、プレゼンが評価となるでしょう）。

もう1つ、**「親との関係がうまくいっていない」という問題の解決案**について、300項目を使って考えてみましょう。

目的は「親との関係をよくする」とします。

この場合は、**「人間に関する体験・知識」**（187ページ）の中の**「利他の考え」**や**「他者に対する配慮　思いやり、感謝の気持ち、ユーモア、誠実さ、謙虚さ、寛容の精神」「人への対応　気配り、適切な対応、態度」**の項目などに着目できるかと思います。

構造化コンセプトの最上位項目を「親との関係を今より良くする」としたら、**構造化コンセプトの第二階層を「感謝の気持ち」「寛容の精神」「思いやり」**などとし、これらの項目の下位項目を具体的にどうするかを考えていきます。

「月に1回は会いに行く」「話をさえぎらずに聞く」「重い買い物はネットで注文してあげる」など、人間関係の修復に向けて何をすべきか、具体的なイメージが固まっていきます。この問題の場合は、これがパーツ案です。

パーツ案ができればそれで終わりではなく、関係を築いていく中でうまくいかないことがあれば反省し、その都度コンセプトを修正していくことにより、自分なりの道標ができてきます。これが、「評価」にあたります。

最初は難しく感じるかもしれませんが、３００項目を確認しながら構造化コンセプトを紙に書き出していくと、案がだんだんと出るようになるでしょう。

目的を示す4キーワード

無限にある情報の中から目的を絞り込む際、数多くの項目を参考にするのは時間がかかり、骨が折れます。

そのために300項目をまとめましたが、これでも数が多いと感じる場合や、すぐに検討したいことがあるときのために、これらの項目を代表するキーワードを4つに絞り込んでみました。

4キーワードは次の通りです。

①許容
②時空間
③合理性
④感動

この4つに沿って目的を考えるのですが、4キーワードのうち1つだけを使ってもいいですし、いくつかをつなげて考えても良いでしょう。
それでは、各項目について解説していきます。

①許容

私たちは今、近代合理主義の縛りから解放されて、許容・多様化の世界にいます。昭和の時代は効率が優先された時代でした。

1970年代、米国のUCLA（カリフォルニア大学ロサンゼルス校）に行ったとき、そこの女子学生が校舎の外階段に座ってサンドイッチを食べているのを目の当たりにして驚いたことがありました。今では日本でもよく見る光景ですが、その当時は日本で、そういった行為ははしたないという認識でした。

時代が変わり、21世紀になると多様化が進み、許容の概念は、モノ・コトづくりや人間関係、組織などを考える際の重要なキーワードになっています。

許容を考える際に、役立つ最新のキーワードは、例えば次の通りです。

・**「考え方や働き方などの多様性」「温かさ（思いやり）」「温かいビジネス（CSR、E**

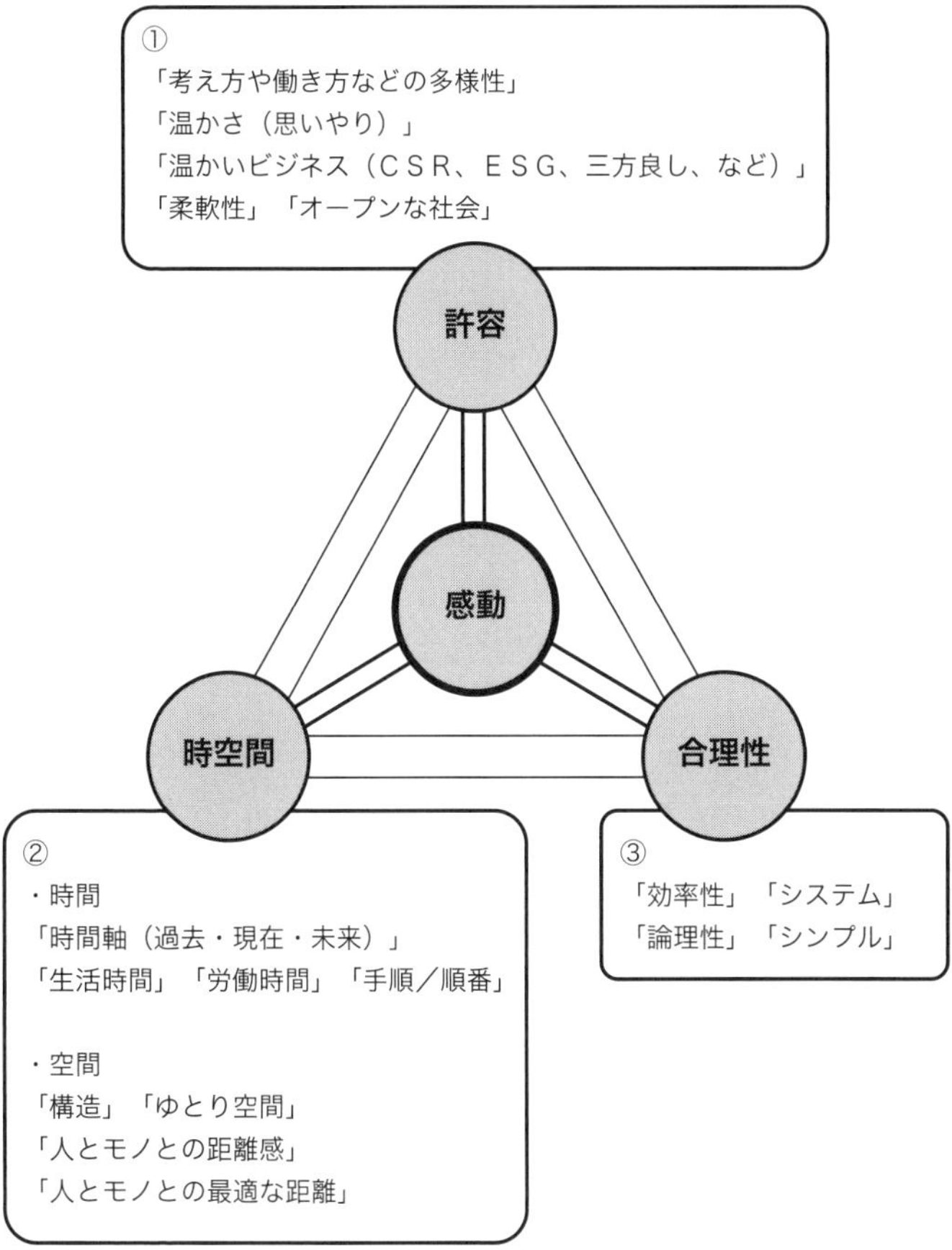
①
「考え方や働き方などの多様性」
「温かさ（思いやり）」
「温かいビジネス（ＣＳＲ、ＥＳＧ、三方良し、など）」
「柔軟性」「オープンな社会」
許容
感動
時空間
合理性
②
・時間
「時間軸（過去・現在・未来）」
「生活時間」「労働時間」「手順／順番」
・空間
「構造」「ゆとり空間」
「人とモノとの距離感」
「人とモノとの最適な距離」
③
「効率性」「システム」
「論理性」「シンプル」

４キーワード

SG、三方良し、など)」「柔軟性」「オープンな社会」

②時空間

時間と空間の視点から考えていきます。

時空間は、私たちが生活するうえで重要な不変の要素です。この視点は、どんな問題を考えるときにも必要不可欠です。

時空間を考える際に、役立つ最新のキーワードは、例えば次の通りです。

- **時間:「時間軸(過去・現在・未来)」「生活時間」「労働時間」「手順/順番」**
- **空間:「構造」「ゆとり空間」「人とモノとの距離感」「人とモノとの最適な距離」**

③合理性

モノ・コトづくりや人間関係、ビジネスでも、考え方や行動の基礎として合理性は重要です。

すべてを合理性で処理をしようとすると問題が起きますが、基礎部分では合理性は大事な要素です。

例えば、親子や友人の間でも、お金のやりとりは厳密にしなくてはならないというのも一種の合理性です。
合理性を考える際に役立つ最新のキーワードは、例えば次の通りです。

・「効率性」「システム」「論理性」「シンプル」

④感動

ここまで述べた3項目、あるいは1項目でもいいのですが、それが感動につながるとより良い答えを導き出せます。

それでは、具体的に例を挙げながら説明していきましょう。
病院の「こうありたい姿」を4キーワードに当てはめて考えてみます。

①許容：院内では温かいもてなしがあり、自由に行動でき、ホテルに滞在している感覚がある

②時空間：自宅で過ごしている感覚がある

③合理性：効率的な運用を可能とする病院管理システムである
④感動：楽しい快適な時間を過ごせる

以上の情報から、病院の「こうありたい姿」として、従来の病気を治す場所ではなく、**『新しい人生の門出』を迎える場所にする」**というのを目的とするのはどうでしょうか。

次に、同僚との理想的な人間関係の目的を考えてみましょう。

①許容：相手に対する寛容の精神、感謝の気持ちが必要
②時空間：どんなところでも、どんなときでも
③合理性：無理難題が起きても論理的な精神で対応する
④感動：これらの対応が心に響き、感動が生まれる

などを考えられるかもしれません。

ここから、**「お互いが共感する人間関係をつくる」**といった目的が考えられます。

このように、**３００項目ではなく４キーワードで目的を考えてみるのもおすすめ**です。

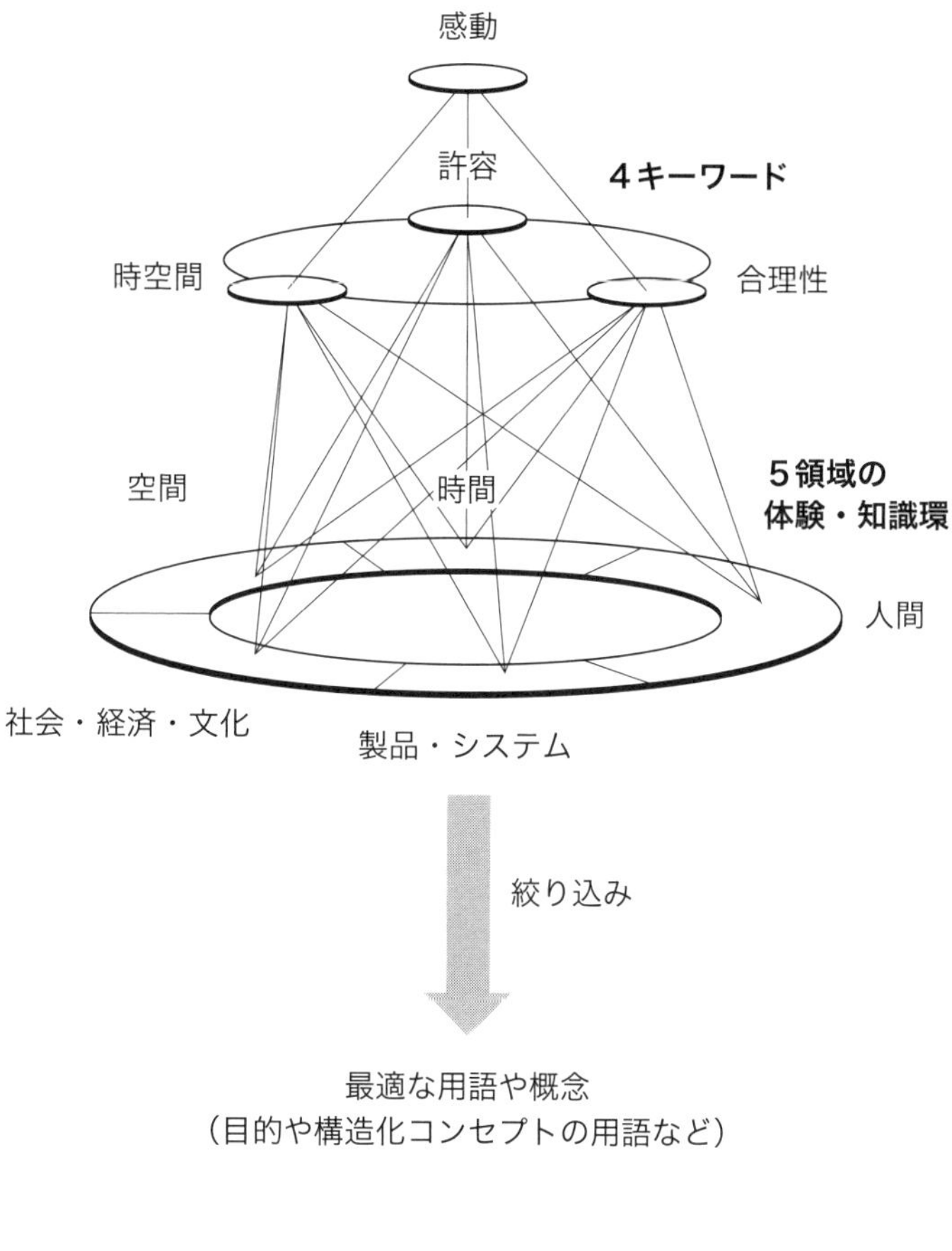

4キーワードと体験・知識環の関係

目的は5W1H1F1Eでも絞り込める

目的は、「許容」「時空間」「合理性」「感動」の4キーワード以外にも、次の5W1H1F1Eでも絞り込むことができます。

あるいは、4キーワードで概要を絞り込んだあと、5W1H1F1Eで具体的にするというのもいいでしょう。マクロからミクロに考える流れです。

通常、一般的によく使うのが5W1Hで、これに目的を示すのに必要な「機能」と「期待」を追加したのが、5W1H1F1Eです。

①Who：誰が
②When：いつ

③Where：どこで
④What：何を（対象物）
⑤Why：なぜ（理由）
⑥How：どうやって（方法）
⑦Function：機能（提案するモノ・コトやシステムの機能は何か）
⑧Expectation：期待・願望（モノ・コトやシステムをつくる側の期待は何か）

目的に関して言えば、⑧Expectation（期待・願望）が一番重要です。何をしたいのか決めるのが「期待」です。

その「期待」を受けて、機能と5W1Hの内容を決めます。

それでは、住宅づくりを例に、4キーワードと5W1H1F1Eを使って目的を絞り込む方法について解説します。

まずは、住宅づくりに関する4キーワードを考えてみましょう。

住宅づくりに関する4キーワード

①許容：多様性のある使い方
②時空間：20年後の住空間の状態を考える
③合理性：価格が安く、省エネで維持コストがかからない
④感動：住むことにより、充実感を得る

4キーワードで幅広く絞り込んだので、次に5W1H1F1Eで目的をさらに詳細に絞り込んでいきます。

住宅づくりに関する5W1H1F1E

①Who：家族
②When：1年後
③Where：田舎
④What：住宅
⑤Why：自然とのつながりを実感したい
⑥How：風や水、太陽光などの自然の力を利用
⑦Function：省エネで低価格の木造の平屋

⑧Expectation：自然とのつながりを生かした温かい家庭を実現したい

以上の情報から住宅づくりの目的を、次のように絞り込むことができます。

「自然との感動体験が実現できる省エネ住宅で、温かい家庭にしたい」

目的を決めたあとは、それを具体化させるために構造化コンセプトを決めます。

この場合、目的という制約だけでは情報量が少ないので、目的のみで構造化コンセプトをつくるのは困難です。

そこで、目的と関連する「体験・知識環」（３００項目）を参考に、構造化コンセプトをつくっていきましょう。

モノづくりだけでなく、もちろん人間関係や会社内での問題でも、この５Ｗ１Ｈ１Ｆ１Ｅを使うことができます。

仮に、企業のプロジェクトリーダーが自分で、仲間たちとプロジェクトを推し進めていくとします。プロジェクトをチームで行う目的は何でしょうか。

５Ｗ１Ｈ１Ｆ１Ｅで見ていきましょう。

プロジェクトチームに関する5W1H1F1E

①Who：（相手）プロジェクトチームの仲間
②When：仕事中
③Where：オフィス
④What：仕事
⑤Why：それぞれが違う分野の専門家である
⑥How：権限移譲を行う
⑦Function：役割分担を明確にする
⑧Expectation：仲間との仕事でシナジー効果（相乗効果）を出せる

以上から、「さまざまな能力を持つ仲間と、シナジー効果を出すこと」が、プロジェクトをチームで行う目的と導くことができます。

プロジェクトをチームで行う目的から構造化コンセプトをつくれば、個々人が何をすべきかも明確になってきます。

4キーワードだと目的がつくりにくいという場合は、ぜひ5W1H1F1Eを活用してみてください。

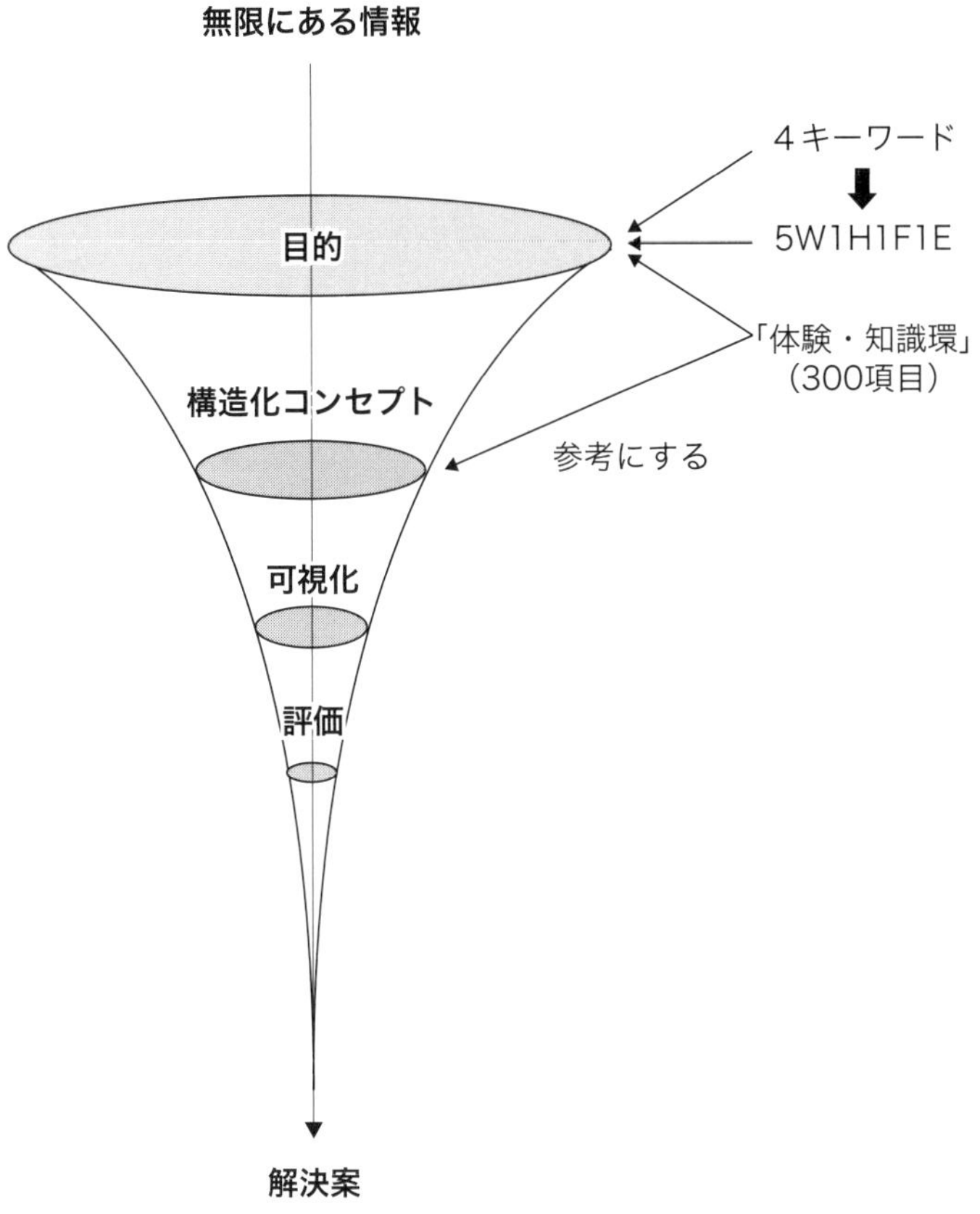

4キーワードと5W1H1F1E、「体験・知識環」の関係

構造化コンセプトのつくり方

ここまで、目的のつくり方について詳しくお話ししてきましたが、構造化コンセプトも絞り込み思考において、とても重要です。

例えば製品開発も、最初に目的を決めても、構造化コンセプトを厳密に決めないまま企画や開発作業を進めると、混乱が生じます。

作業の途中で営業部長や事業部長などの上司が、自分の経験をもとに口を挟んでくる可能性だってあります。

こうした事態を避けるためには、スタートの時点で関係者、特に最終決定者にも参加してもらい、目的を明確に絞り込んでおく必要があります。

このとき、目的だけでなく構造化コンセプトも決めるとさらに良いでしょう。

これにより、方向性が具体的に定まるからです。

わかりやすいよう、開発のプロセスを東京からアメリカに行く航海に例えて考えてみましょう。

最初に目的を「サンフランシスコに行く」とし、構造化コンセプトの最上位項目を「燃費を最小限に抑えて航行する」と決めておけば、一直線で無駄なく行けます。

しかし、「アメリカに行く」といったあいまいな目的のままスタートすると、方針が明確になっていないので、途中で責任者などの個人的な思いつきや過去の経験（思い込みなど）が入り込んで、目的がぶれてしまいます。

結果として、カナダのバンクーバーに行ってしまうことだってあり得るのです。

このような話は、企業の方からよく聞きます。このことは、目的や構造化コンセプトの重要性を示しています。

それでは、より具体的なモノづくりの例で考えてみましょう。

わかりやすい例として、壁掛け時計の開発で考えていきます。

無限にある情報の中から絞り込んで、**目的を「時刻がわかりやすい壁掛け時計をつくる」**とします。

この目的は制約となるので、ここから具体的な壁掛け時計のイメージが多く生み出されます。

例えば、直径50㎝程度の大きなアナログ時計や、大きな文字のデジタル時計、プロジェクターのように壁に時計（アナログでもデジタルでも良し）を表示する案などが多数考えられます。

55ページで解説した手順に沿って、目的をもとに構造化コンセプトを決めていきましょう。

①目的から構造化コンセプトの最上位項目を決め、それを実現するための項目（第二階層）をいくつか絞り込む

目的に従って構造化コンセプトの**最上位項目を「自宅ですぐに時刻がわかる違和感のない壁掛け時計」**にしたとします。

次に、最上位項目の方針に従って、構造化コンセプトの第二階層の項目を決めます。

まず、最上位項目を分解します。すると、**「自宅」「すぐに時刻がわかる」「違和感のない」「壁掛け時計」**と分けることができます。

分けた言葉から、実現させたい内容を、「体験・知識環」（300項目）を参考に決めます。しかし、今回の例はコンセプト用語が簡単なため、「体験・知識環」を使わなくても問題なさそうです。

- **「自宅」**↓個室や居間、来客用の部屋など
- **「すぐに時刻がわかる」**↓デジタルよりもアナログ表示のほうが早く時刻を認識できる
- **「違和感のない」**↓使用空間と調和して違和感のない形状、素材、色彩を目指す
- **「壁掛け時計」**↓一般的な壁掛け時計にする

この分けた言葉から導いた実現したい内容から、第二階層の項目を決めます。

- **低コスト**

理由：「自宅用」なので。

- **アナログ表示（直径25㎝程度）**

理由：「すぐに時刻がわかる」からアナログ表示にし、「自宅」で使うので、違和感の

ないサイズに。

・見やすい表示

理由：「すぐに時刻がわかる」ために。

・どの部屋でも合うシンプルな形状

理由：「違和感のない」から、どの部屋にも合うシンプルな形状に。

②第二階層の項目に、ウエイト値（重要度）をパーセントでつける

第二階層の項目は箇条書きにしてあるだけなので、どの項目が重要かわかりません。

そこで、ウエイト付けを行い、どの項目が重要かわかるようにします。

%で表示し、第二階層の項目の数値の合計が100%になるように調整します。

項目のウエイト値はその値が高い項目を優先するという意味なので、第三者が勝手に解釈することはできません。

また、コストなどでトレードオフ（あちらを立てれば、こちらが立たずの関係）の状態になったとき、どちらの項目を優先させるべきかわかります。

もし、25㎝の直径ではコストがかかるので、22㎝に変更したいという要望が工場から出た場合、「アナログ表示（直径25㎝程度）」のほうが25％のウエイトなので、ウエイト値15％の「低コスト」に対し、要望を拒否することができるのです。

この場合、直径25㎝のサイズを優先させますが、工場にはさらなるコストダウンを頑張ってもらうことになります。

③第二階層の項目から、さらにそれを実現するための項目（第三階層）を絞り込む

第二階層の項目を決めた後、第三階層の項目を決めます。

第二階層の項目によっては、第三階層の項目がない場合もあるでしょう。

この壁掛け時計の場合は、第二階層の「見やすい表示」のみ、「針・数字と表示板とのコントラスト大」「針と文字を大きくする」「書体は見やすいヘルベチカ」などのように、第三階層の項目を導いていきます。

④第三階層からパーツ案を作成する

第二階層の項目（その下の第三階層の項目がない場合）と第三階層の項目に対して、具体的にそれぞれの項目に対応する時計のパーツを案をつくります。

⑤パーツ案を結合して最終案をつくる

パーツ案を結合して、最終の壁掛け時計案をつくります。

構造化コンセプトの書き方は、自分以外にも関係者がいる場合は、その関係者が理解できる必要があるので、その観点で書くようにしましょう。

わかりにくいときは、「名詞＋動詞」で表現するのがおすすめです。

例えば、「使用性」だけだとわかりにくいので、「使用性を配慮する」などと書くと、コンセプトを他者と共有しやすくなります。

チームや会社などで、誰かと共有すべき問題に対処する場合、構造化コンセプトがあれば、仮に途中で脱線したり、他の要求事項が発生したりした場合も、ぶれることなく、最初の目的に合った解決案を導くことができます。

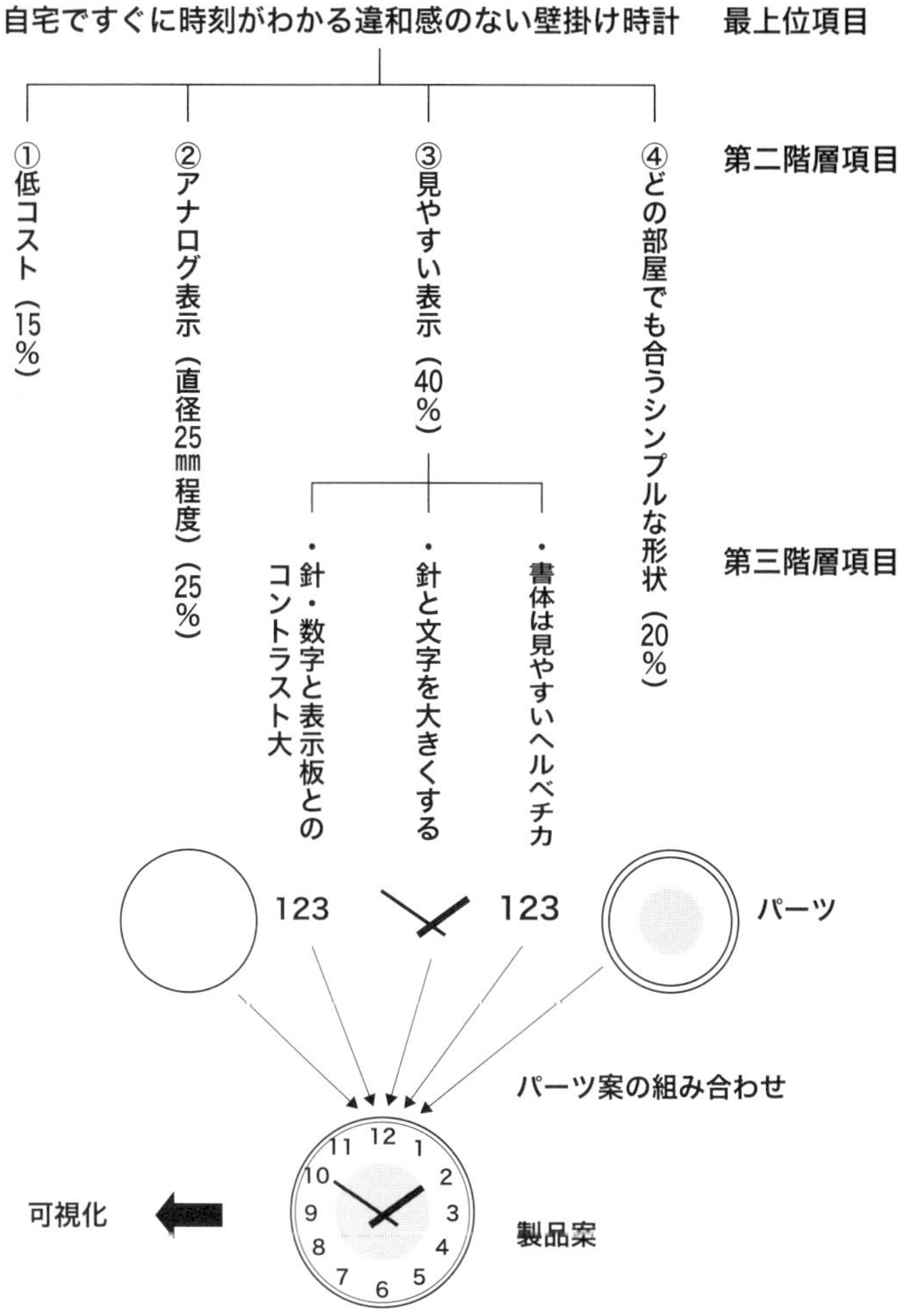

壁掛け時計の構造化コンセプト

問題点から構造化コンセプトをつくる場合

次に、製品の現状の問題点を集めて、新製品を開発するときの構造化コンセプトのつくり方についてです。

問題点から構造化コンセプトをつくる場合の方法は次の通りです。

①問題点を要求事項に変換します。例えば、問題点が「重い」ならば、要求事項は「軽い」になります。
②次に、これらの項目を構造化コンセプトの最下位項目（第三階層項目）にします。
③そのうえで、「手段→目的」の関係から、最下位項目を手段としたときの目的を考え、それを第二階層の項目にします。

④さらに同様の方法で、最上位項目を決めます。

この作業は、構造化コンセプトの第三階層の項目から、最上位項目を逆に推定することでもあります。ミクロからマクロへの逆の推定です。

99ページの図の例を見ると、「文字が小さい」「高い」「派手」という問題点から、「見やすい」「低コスト」という第二階層を導き、さらに「万人受けするデザイン」という最上位項目を導き出しています。

このように、問題点から構造化コンセプトをつくることも可能です。

よく行われているのが、構造化コンセプトを明確にしないまま、現状の問題点をそのまま要求事項に変換し、チェックもせず企画・デザインする方法です（100ページの図参照）。

そうではなく、必ず目的を決め、そこから構造化コンセプトをつくるようにしましょう。

いずれにせよ、構造化コンセプトは重要な概念なので、常に考えるようにしたいものです。

以上はモノづくりのお話でしたが、この手法は、モノづくりだけでなく、人間関係を良くしたい、会社で課やチームのマネジメントをどうしたらいいのかわからない、社会問題を解決したい、といった場合にも応用可能です。

私たちは、無意識のうちに、常に絞り込み思考を行っているので、目的と構造化コンセプトを活用できれば、すべての問題の解決案はおのずと見えてきます。

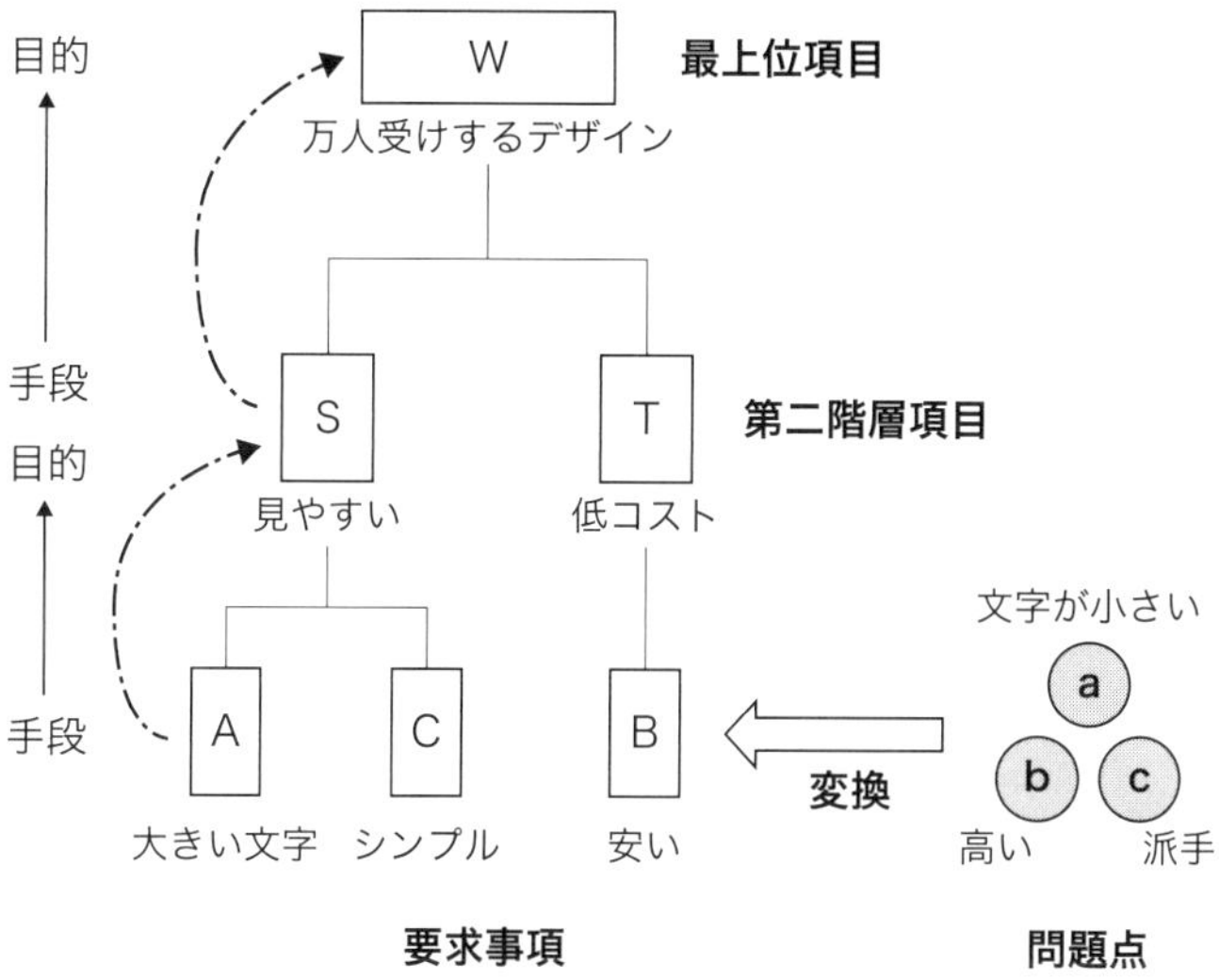

・問題点a,b,cは変換されて、要求事項A,B,Cとなる
・要求事項AとCを手段としたときの目的を考えるとSが抽出される
・第二階層のSとTを手段としたときの目的を考えると
　最上位項目のWが抽出される

問題点から構造化コンセプトをつくる

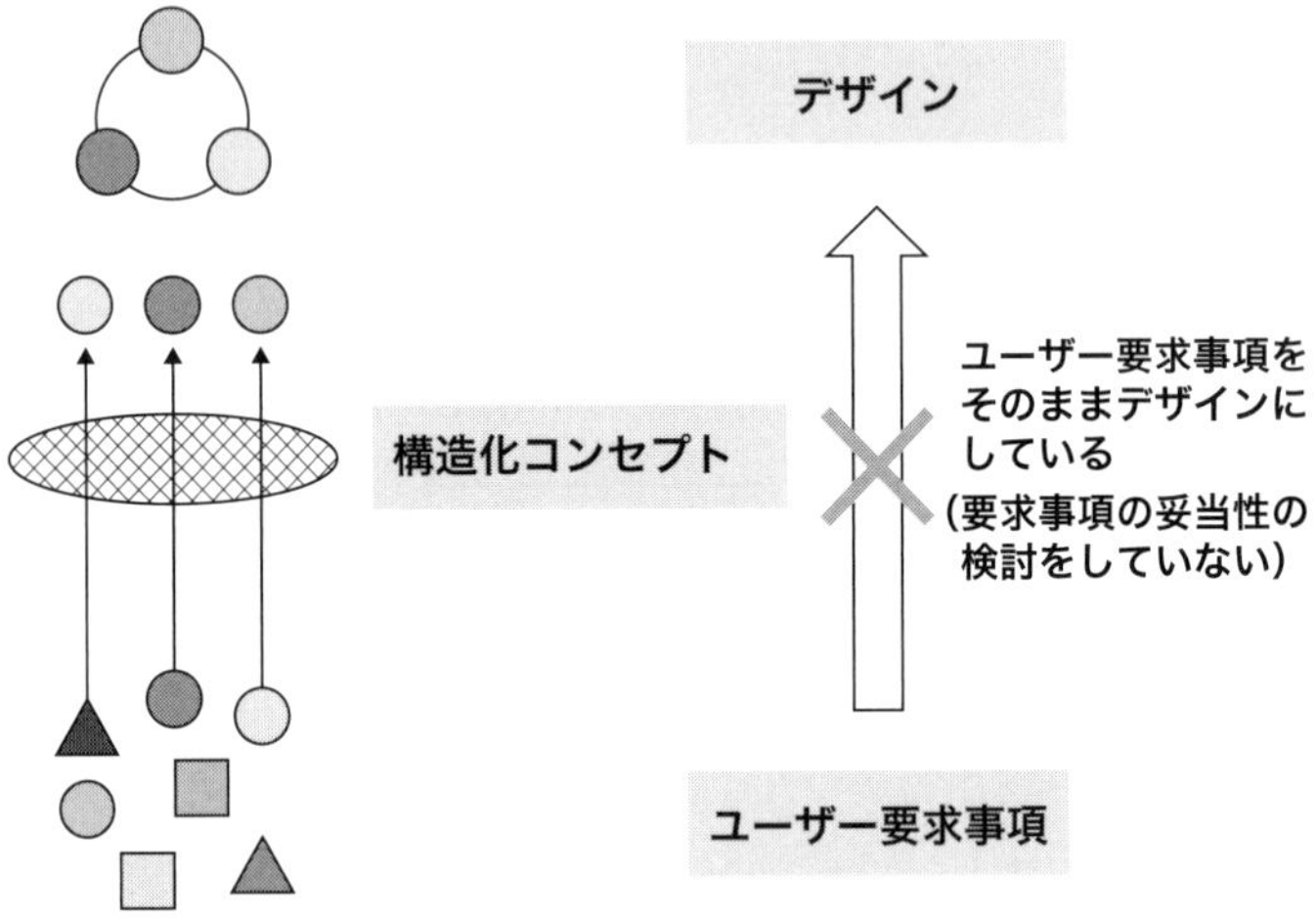

ユーザー要求事項から直接デザインしない

4章

絞り込み思考を
さまざまなシーンで活用する

絞り込み思考をビジネスで活用する

目的と構造化コンセプトによる絞り込みは、モノ・コトづくりだけでなく、日常の生活やビジネスの場でももちろん活用できます。

例えば、10人程度の組織の方針を考えてみましょう。1000人の大組織でも同じですが、話を簡単にするため10人の事務部門の小チームで考えることにします。

最初に組織の方針を決めるにあたって、目的を決めます。その上で、「体験・知識環」（300項目）の中から、「組織・マネジメントに関する体験・知識」（189ページ）の中の「①組織の方針の明確化」「②メンバー間の情報の共有化」「③メンバーのモチベーションの活性化」を参考にして、目的を絞り込みます。

例えば、「メンバー間の情報の共有化」と「メンバーのモチベーションの活性化」から**「風通しの良い組織」などのキーワード**が浮かびます。

「組織の方針の明確化」からは、**部門の特性に対応したキーワード**を出すことができます。事務部門ならば**「一体感」**、デザインや技術、企画部門ならば「クリエイティブ」、営業部門ならば「アクティブ」などのキーワードが思いつくかもしれません。

これらは一般的な解釈に基づいたもので、もちろん状況によってキーワードは変わります。

例で検討するのは事務部門のチームなので、**目的を「風通しの良い一体感のある組織」**と絞り込みます。

通常であれば、目的から構造化コンセプトの最上位項目を決めますが、今回は大きな違いが出ないため、目的をそのまま構造化コンセプトの最上位項目とします。

最上位項目を分解し、「風通しの良い」は、「メンバー間の情報の共有化」と「メンバーのモチベーションの活性化」から絞り込んだので、下位の項目を「コミュニケーションの活性化」「やる気を起こさせる支援」とします。

「一体感」の実現から「公平な評価」を下位項目とします。

「組織の方針の明確化」はとても重要だと判断し、そのまま下位項目に入れます。

以上から、この事務部門の構造化コンセプトは107ページの図のようになりました。

下位項目のウエイト値は、特に重要な「①組織の方針の明確化」と「②コミュニケーションの活性化」をそれぞれ30%とし、それ以外を20%としました。

続いて、その下の第三階層の項目で、具体的な行動を示します。

例えば、次のような内容を考えることができます。

①組織の方針の明確化（30%）

会社の方針に従って、事務部門としてどういう方針が良いのか検討します。

例えば、「コストパフォーマンスの良い運営をする」「固定費を下げるためAIを使って事務作業を効率的に進める」などが考えられます。

②コミュニケーションの活性化（30%）

コミュニケーションを良くするため、「業務の連絡以外に全員で週1回の昼食会を開く」「チームメンバーに独自の専門性を持たせて、お互いに気楽に問い合わせができるようにする」などが考えられます。

③やる気を起こさせる支援（20％）

「業務に関連する資格取得を支援する」「業務改善提案のコンクールを行い、優秀者を表彰する」などが考えられます。

④公正な評価（20％）

「年2回、面談を行い、業務目標の達成度や要望などを聞く機会を設ける」「評価基準が明確なチェックリストを使って、できるだけ客観的な評価を行う」などが考えられます。

このような組織の運用は、モノ・コトづくりと異なり、すぐに結論が出るわけではありません。

実行してみて問題があれば、構造化コンセプトを修正し、どうなるのかを時間をかけてチェック（評価）していく必要があります。

そのため、第三階層にできるだけその組織に対応した項目を挿入し、その組織独自の運用の方法を確立するといいでしょう。

この構造化コンセプトの作成は、メンバー全員で議論して行うとより良いです。全員のモチベーションが上がり、チームワークが生まれます。

この構造化コンセプトの項目をどのように実践していくのか、実際のコミュニケーションの方法についてまで話せるとより良いでしょう。

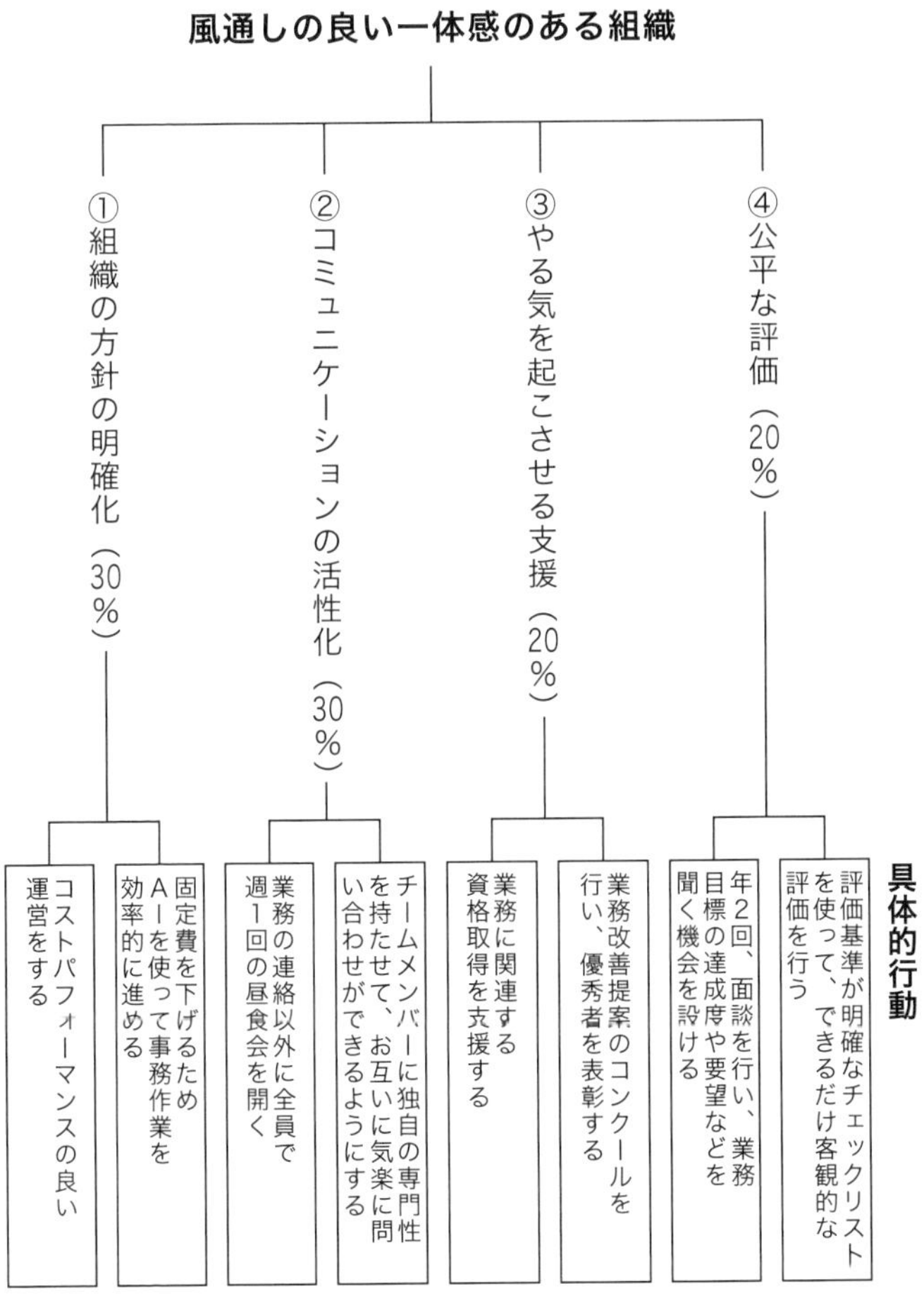

組織（事務部門）の方針の構造化コンセプト

人間関係の問題を解決する基本の構造化コンセプト

絞り込み思考は、人間関係の問題でも活用できます。

具体的な問題の絞り込みの前に、まずは人間関係のさまざまな問題の基本となる構造化コンセプトをつくってみましょう。

人間関係に関する基本の考えを持っておくことにより、相手が誰であっても、またどんな問題であっても、解決がしやすくなります。

さて、私の場合ですと、人間関係がうまくいかなくなるのは、お互いに自己中心的・利己的な考え方があるからではないかと考えています。

（もちろん、人によっては人間関係について考えが違うこともあるでしょう。皆さんの考えをベースにつくっていただいて構いません。あくまで活用方法の一例として見ていただけたらと思います)。

広辞苑(7版)によると、利他とは「自分を犠牲にして相手に利益を与えること」「他人の幸福を願うこと」とありますが、ここでは「他人の幸福を願うこと」の意味で考えます。

この言葉の概念は抽象的なので、分解してより具体的な言葉にします。

私は、**「思いやり」「寛容」「感謝」**などの言葉に言い換えられると考えました。

これらの言葉の意味は次の通りです。

- **思いやり：①思いやること、②気の付くこと、③相手の立場で気持ちを理解しようとする心**
- **寛容：寛大で、よく人をゆるし受け入れること**
- **感謝：ありがたく感じて謝意を表すこと**

以上、広辞苑(7版)より引用

3つの言葉の共通点は利他の考えに通じると言えるでしょう。

そこで、「利他の心を持つ」を目的とし、**「思いやり・寛容・感謝の気持ちを持つ」**を構造化コンセプトの最上位項目にして、そこから第二階層の項目を考えていきます。

「思いやり・寛容・感謝の気持ちを持つ」を叶えるために、「体験・知識環」（300項目）の中から、の「人間に関する体験・知識」（187ページ）の中の**「人への対応　①気配り、②適切な対応、③態度」**の3つを選び、第二階層の項目にしました。

そしてさらにここから、第三階層の項目を絞り込んでいきます。

①気配りをする

↓相手の考えていることや態度に「共感する」「配慮する」「思いやりを持つ」などの視点から気を配って状況を把握する

②適切な対応をする

↓状況に応じて「柔軟で」「誠実な」適切な対応をする

③態度で示す

↓「共感」「信頼感」「寛容」「思いやり」「感謝」などの態度で示す

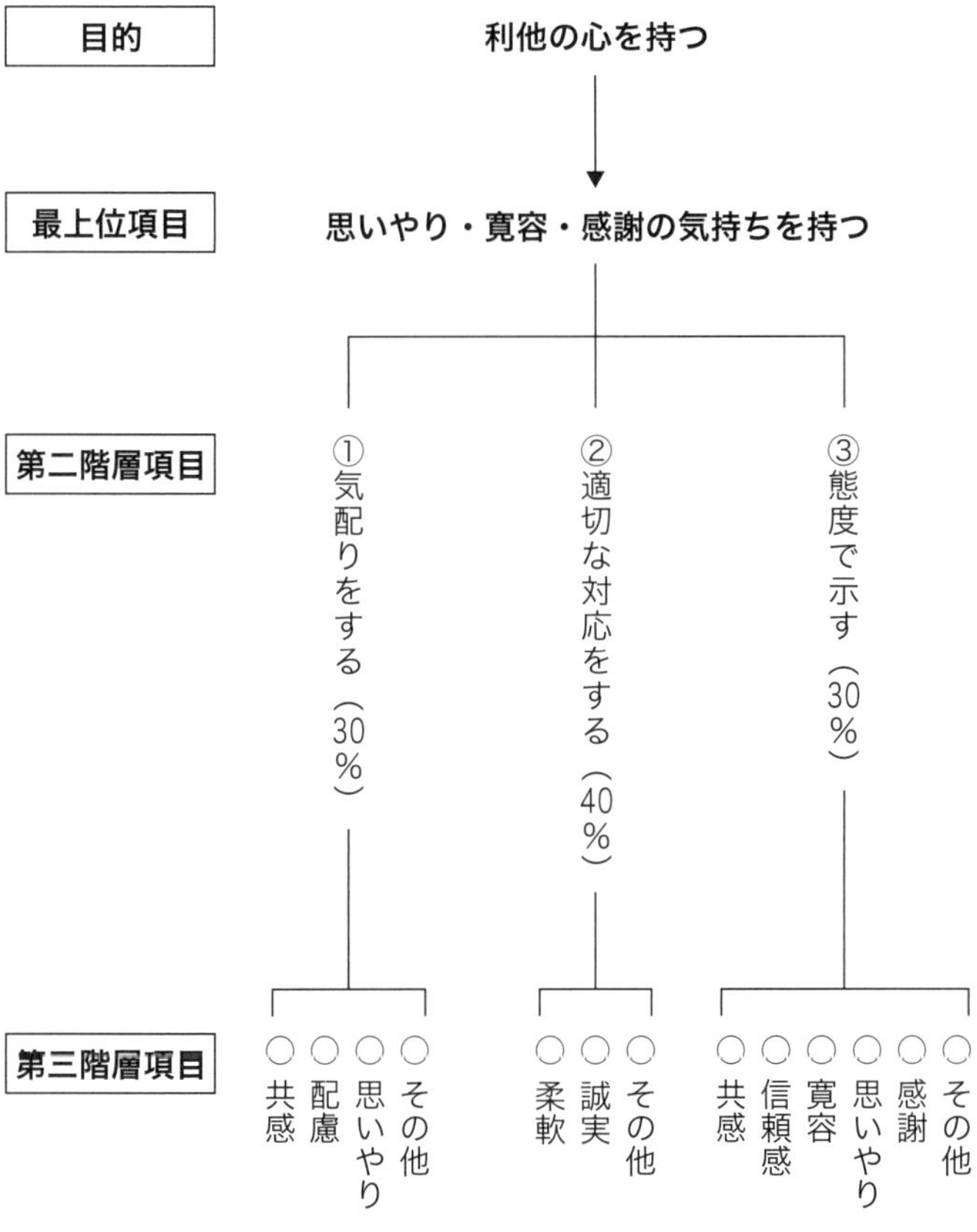

人間関係の基本の構造化コンセプト（筆者の場合）

第三階層の項目は、状況によって適宜変えます。

会話のときは、その流れにも注意して、相手の話に「気配り」をして、「適切な発言(対応)」と「思いやりある態度」で対応します。

相手からの反応が評価となります。評価によって再度、「気配り」をして、次のサイクルに入っていきます。

会話のときは、構造化コンセプトやサイクルを意識することが難しいので、「思いやり・寛容・感謝の気持ちを持つ」の項目を頭の中に入れて会話をすると良いでしょう。

私が絞り込み思考を使って考えた人間関係の構造化コンセプトは、このようになりました。

問題が複雑な場合、これをもとに、さらに具体的な行動を絞り込んでいきます。

次の項で、詳しくお話ししましょう。

人間関係での活用例①　接客

人間関係の基本の構造化コンセプトを、実際の問題に当てはめて考えてみましょう。

1つ目の例として、「接客」の場合で考えてみます。

仮に構造化コンセプトの最上位項目を、**「レストランで顧客に満足して帰っていただく」**とします。

第二階層は、先ほどの「気配りをする」「適切な対応をする」「態度で示す」と同じでも問題ないでしょう。

これらを接客に当てはめた場合、第三階層はどのように絞り込めるでしょうか。

①気配りをする

↓「共感」「配慮」「思いやり」の視点から、顧客の状況を把握する

②適切な対応をする
↓「柔軟」「誠実」の視点から、顧客対応をする

③態度で示す
↓「共感」「信頼感」「寛容」「思いやり」「感謝」などの態度を示す

仮に、「顧客が水をこぼした」という問題が発生したとします。

この場合、顧客が水をこぼして困っているのを、**①「気配り」で察知し**（常に店内に気を配るなど）、**②柔軟な対応を行い**（近くにあったふきんで拭くなど）、**③「寛容のある態度」で接します**（笑顔で声をかけて安心していただくなど）。

この具体的な行動たちが、問題解決の答えとなります。

この「気配り」↓「適切な対応」↓「態度」のサイクルを意識して回せば、「レストランで顧客に満足して帰っていただく」を達成することができるでしょう。

ただ、このサイクルを1回だけ回せば良くなるというのは難しく、身につくまで何回も繰り返し回す必要はあります。

人間関係での活用例②
部下への対応方法

次に、部下への対応方法で考えてみましょう。

部下がミスをしたときの対応方法について悩んでいるとします。

目的を「部下を勇気づける」にしたとします。

まず、構造化コンセプトの絞り込みからです。

最上位項目を、**「部下がミスしたときに落ち込まないよう声かけをする」**としたとします。

第二階層の項目は先ほど同様、「気配りをする」「適切な対応をする」「態度で示す」とします。

これらから、第三階層の項目を絞り込んでパーツ案（具体的な行動案）を導き出します。

①気配りをする

↓「共感」の視点をもって、状況を把握する

↓常に相手の状況を理解する。何に困っているのか、不満を持っているのか、どういうことをしてほしいのか、単に情報を伝えたいだけなのかを知り、「こういうことは誰でも起こり得る」と共感する

②適切な対応をする

↓「柔軟」「誠実」の視点から、適切な対応をする

↓対処方法を教え、柔軟さと誠実さをもって、今後注意するよう伝える

③態度で示す

↓「共感」「寛容」「思いやり」の視点をもって接する

↓注意したうえで、相手に共感し、寛容の心と思いやりをもって接する

第三階層の項目は、人間関係の基本の構造化コンセプト（111ページ）と大きく違い

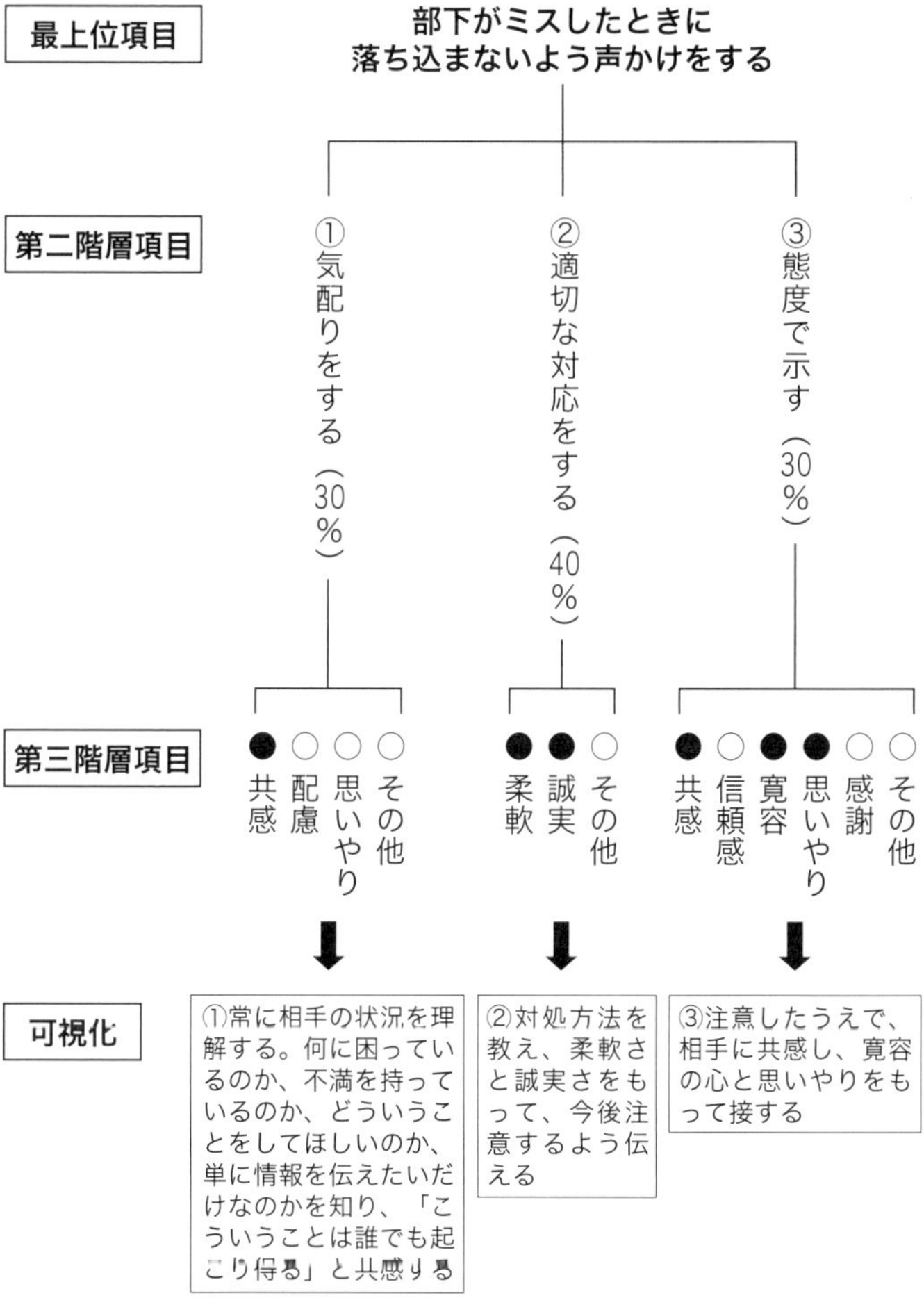

部下への対応方法の構造化コンセプト

がなければ、基本の第三項目から状況に応じて必要な項目を選びます。
その後、具体的な行動を記入します。

人間関係のコンセプト（第二階層までの項目）は常に頭の中に入れておき、柔軟に対応しましょう。

上司を説得するとき、取引先と打ち合わせをするとき、ミスをして取引先にお詫びをするとき、部下と面談をするときなどのさまざまなケースを想定して、第三階層までの構造化コンセプトをつくっておくといいでしょう。

これらの構造化コンセプトをもとに、いろいろ体験することで、より人間関係を良くするコツが体に身についていくはずです。

絞り込み思考によるアイデア発想

発想法の有名な手法の1つに、ブレインストーミングがあります。

これは、思いつくままにアイデアを出す方法です。まさに絞り込み思考とは真逆の発想法と言えるでしょう。

ブレインストーミングは、多様なアイデアが出るのは良いのですが、これぞというアイデアがなかなか出ないことがあります。

それは、ブレインストーミングがファシリテーター（司会進行役）の能力に依存する構造のためだと言えるでしょう。

また、1人で、自分の好きなときにできないというのもデメリットです。

アイデアのテーマがある程度決まっている場合は、絞り込み思考を使ってアイデアを出すのがおすすめです。

絞り込み思考を活用したアイデア発想は、1人でも、いつでもすることができます。

テーマが決まっている場合を前提にして説明しましょう。

テーマが決まっていない場合は、無限の情報の中から、4キーワードや5W1H1F1E、「体験・知識環」（300項目）を使って、テーマ（＝目的）を絞り込みましょう。

とはいえ、アイデア発想をするというとき、現実問題として、テーマが決まっていないようなことはあまりないでしょう。

会社が「新しいビジネスをつくりたいので、何でもいいので良いアイデアを出してほしい」と指示があったときでも、現実のビジネスと全く違うビジネスを提案するのは非現実的です。

つまり、ビジネスの場合は、アイデアのテーマがある程度絞り込まれていないと意味がありません。

ベンチャー企業などで、保有する新しい技術や思考をベースに何か考えたいという場合でも、その置かれている状況からテーマがある程度絞り込まれます。

例として、カフェのオープンをテーマに考えてみましょう。

どのようなカフェをつくるかを漠然と考えると、その選択肢は膨大です。

どこにつくるか、ターゲットは誰か、雰囲気はどうするか、置くテーブルやイス、席の間隔、使うコーヒー豆、カップ、価格、メニューなど、決めなくてはいけないことが多すぎて、何から手をつけたらいいかわからなくなってしまいます。

仮に、1つずつ、地道に決めていったとしても、統一感のない、ちぐはぐなカフェになってしまうことでしょう。


これを絞り込み思考で考えていきましょう。

まずは「体験・知識環」（300項目）から、関連するワードを選びます。そのワードが、思考の切り口となります。

今回は、**「社会のあるべき姿」**（183ページ）の中から**「温かい社会」**を選んだとします。

続いて、温かい社会に必要なものが何か、絞り込んでいきます。

「温かい社会」から、私は次のように考えました。


今、合理主義の時代は終わり、効率中心から温かい社会の癒やしへと、人々の価値観が変わってきている。

200m先に静かな図書館があるにもかかわらず、混んでいるスターバックスで宿題を

している学生がいるのは、人々の価値観が変わってきていることを表しているのだろう。無機質な図書館よりも、木が多く使われている居心地の良いスターバックスを選択するのはなぜか。そういえば、カフェ以外のさまざまな施設でも、床や壁に木材が使われることが多くなった。

これらの現象・考えから、**「癒やし」**というキーワードを導きました。

このときに考えるポイントは、マクロからミクロへと具体的に絞り込むことです。

「癒やし」からは、**「精神的癒やし」**と**「身体的癒やし」**が考えられます。

ここでは、「精神的癒やし」に限定し、さらに絞り込んでいきます。

そうすると、さらに

このうち、「人とのふれあい」を選んで、さらに絞り込んでいきます。

「人とのふれあい」ならば、それに関連する**「コミュニケーション」**や、「体験・知識環」（300項目）の中の**「有機的空間」**（184ページ）などのキーワードを選ぶことができるでしょう。

絞り込んだあとで「人とのふれあい」でなく、「自然」のほうが良いと判断したら、そちらに変更します。

ある程度のイメージが固まってきたら、そのイメージに従って、さらに具体的に顧客や場所などの細かい仕様を決めていきます。

ここで役立つのが、「5W1H1F1E」です。

5W1H1F1Eのうち、絞り込めるものから絞り込んでいきます。

今回は、「誰」「場所」「期待」から絞り込んでみましょう。

①Who（誰）：癒やしを求めている顧客

③Where（場所）：空き家、複合施設などでのカフェ

⑧Expectation（期待）：癒やしの提供により精神的な満足感を得る

さらにイメージを明確にするために、具体的な情報に落とし込んでいきます。

先ほどの「癒やし」というキーワードから、店内をソフトな空間にするため、床材には柔らかい素材（毛足の長いじゅうたんなど）を選び、ソフトな色の照明にします。

顧客が精神的な満足感を得られるよう、コーヒーカップは顧客自身が持ち込める、あるいはお店で好きなカップを選択できるなど、顧客の主体性を確保できるようにします。

また、座席は予約できるようにします。

本棚には洒落た画集や写真集、本を置き、壁面にはプロジェクター、または大型液晶を設置して海外の風景を映し、その音をかすかに流すなどリラックスできる環境に。イスは、ロッキングチェアや天井からつるしたブランコのようなものがあってもいいかもしれません。

癒やしを求める特定の顧客が対象なので、会員制で運営します。画集や写真集、本を置くならば、本屋さんの隣にこのカフェを開き、一体化した運営にすることも可能です。

ここまで考えたら、残りの「時間」「何」「理由」「方法」「機能」も考えていきます。例えば、次のようにです。

②When（時間）：10時から20時まで
④What（何）：コーヒーと癒やしの提供
⑤Why（理由）：精神的満足感が求められているから
⑥How（方法）：癒やしを感じてもらうために、ソフトな空間を実現する
⑦Function（機能）：コミュニケーションを深めるため会員制のシステムで運営する

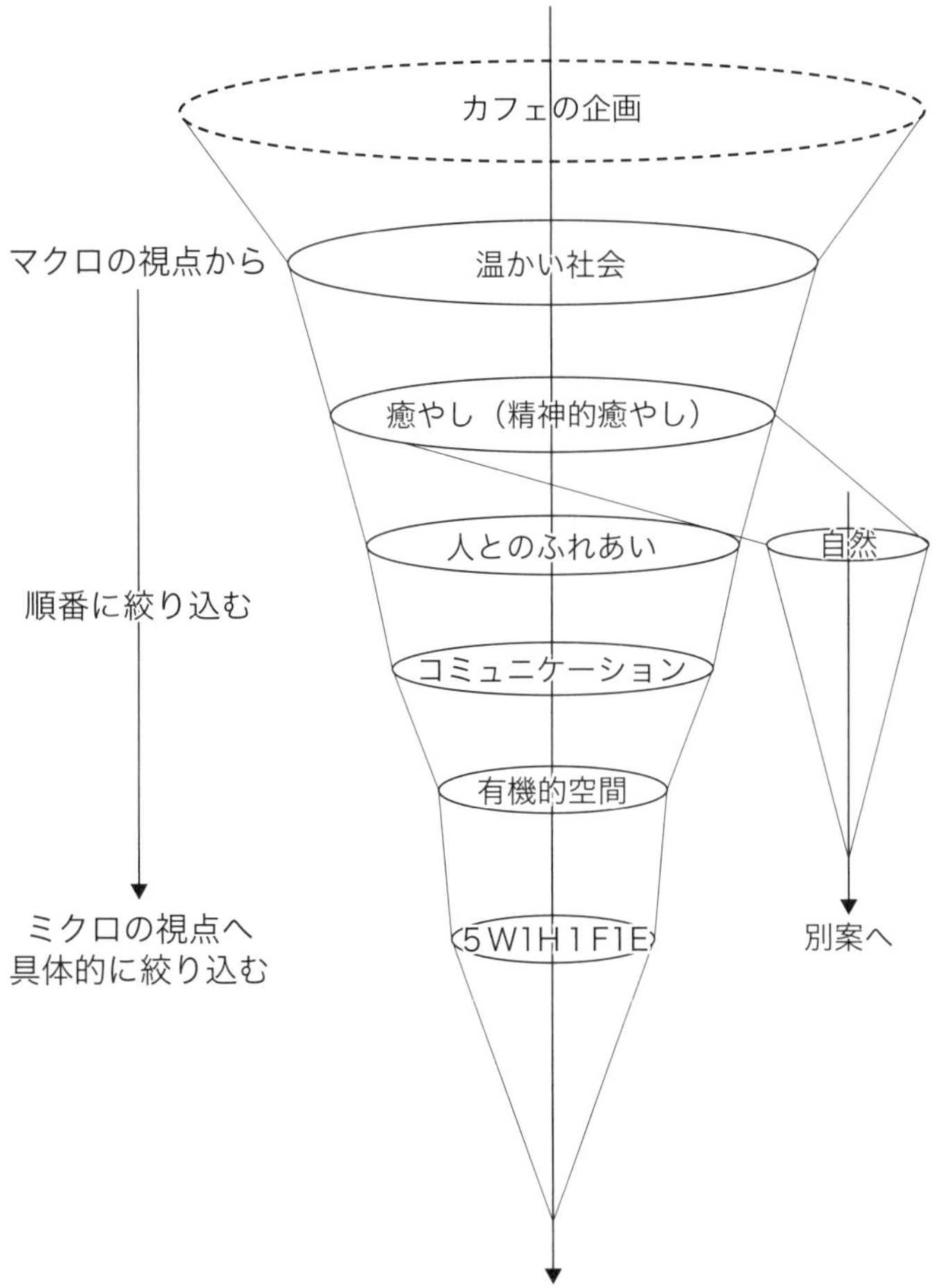

あるカフェの構造化コンセプトをつくるまでの思考

このように項目が絞り込まれたら、構造化コンセプトをつくることができます。

「⑧期待」の**「癒やしの提供により精神的な満足感を得る」は目的とすることができます。具体例なイメージなので、これをそのまま使って構造化コンセプトの最上位項目「癒やしの提供により精神的な満足感を得るカフェ」**とします。

そして、この最上位項目にもとづいて、5W1H1F1Eの内容から下位項目を決めていきます。

最後に第三階層の項目でカフェ案が可視化されます（左ページ図参照）。

このようなマクロからミクロへと絞り込む発想法は、1人でできるのはもちろん、やみくもにアイデアを出すのではなく筋道があるので、経験のない人でも気軽に行うことができます。

グループで行っても、発想の幅が広がるので、斬新なアイデアに結びつきます。

「マクロ・抽象」から「ミクロ・具象」へと情報を絞り込むアイデア発想法は、何かを新たに考えるときに、とても便利です。

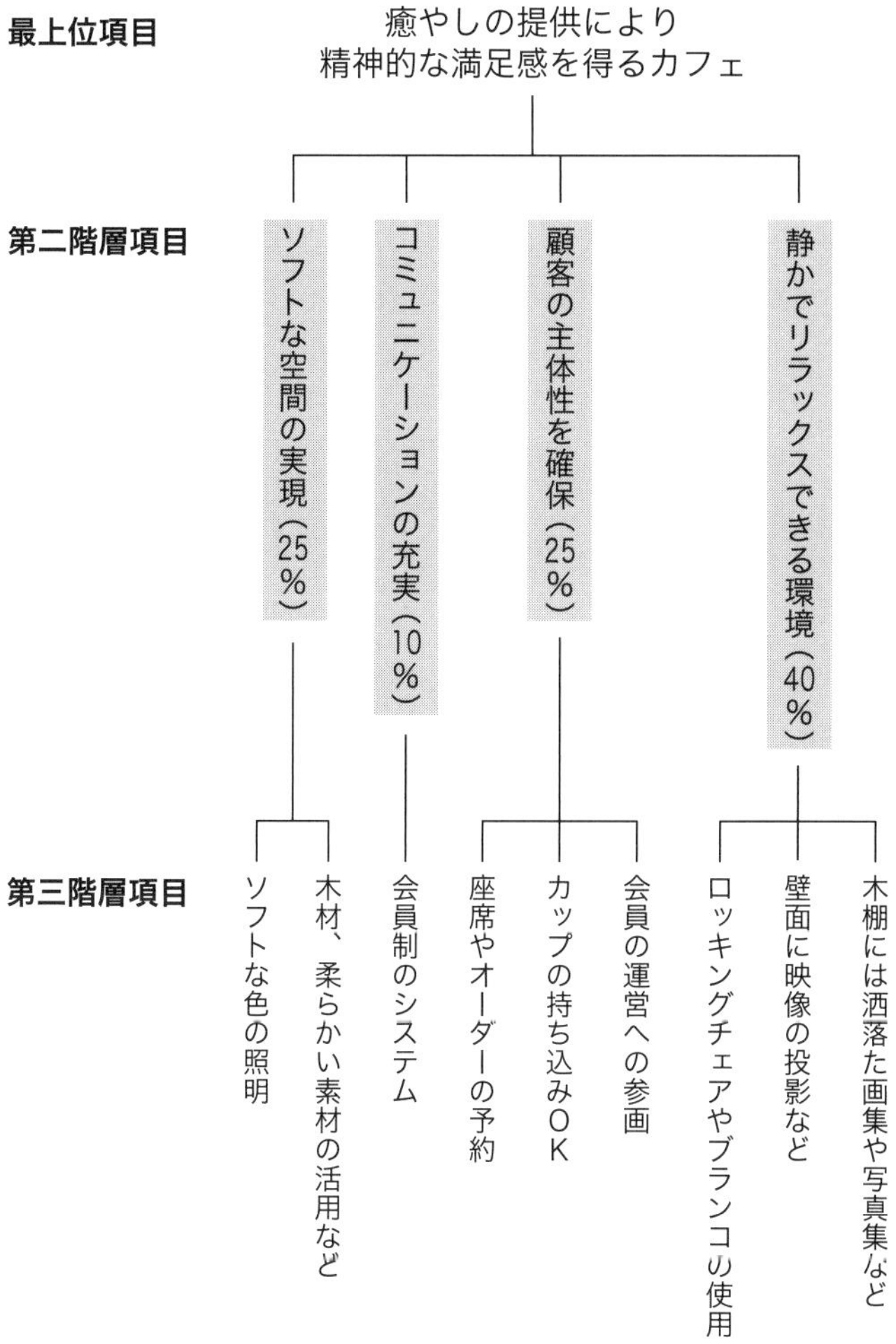

あるカフェの構造化コンセプト

5章　絞り込みの別の活用法

「観察」からモノ・コトや人の問題点と本質を探る

絞り込み思考は、問題解決のとき以外にも活用できます。この章では、いくつかの既存の手法において、「絞り込み」を活用する方法について見ていきましょう。

まずは、**「観察」**です。

ここで言う観察とは、単に見ることではなく、**五感を通してモノ・コトや人の情報を得て、それらの現象の原因や本質を探る作業**です。主に、製品開発の場で活用されます。

この観察の精度をさらに上げるのに、絞り込みは役立ちます。

対象がモノ・コトならば、観察で問題点を見つけて、その根本原因を絞り込み、問題の本質を探ることができます。

例えば、最近ある商品のみ売り上げが低下しているという問題があるとします。この商品を観察して問題点を見つけることができれば、改善のために何をすべきかがわかります。

早速、その方法について解説していきましょう。

モノ・コトの観察の場合は、

①痕跡を探す

②日常の行為との相違点を探す

の2つの方法があります。

これらを探すことにより、**事象・行動の原因を探る**ことが可能になります。

まずは①について。

人間の行為のあとには、何かしら痕跡が残ることがあります。この痕跡から、その原因となる人の行動を絞り込み、対策を考えることができるのです。

左ページの右上の写真をご覧ください。

ドアを押すためのプレートの上部に塗装がはがれた痕跡があります。この痕跡から、人々が本来押すべき場所以外の部分でドアを押していることがわかります。

人々の身長が高くなり（もしくはプレートの位置がもともと低すぎるため）、そのプレートの位置では用途に合っていないということがわかります。

また、下の写真の電気ポットには注意書きが書かれています。

製品の使用方法がわかりにくく、ユーザーが間違えるので、張り紙をして注意を喚起しているのです。

このような塗装がはがれた痕跡や張り紙などを観察することにより、対象物の問題点を把握することができ、そこから人々の行動を絞り込み、改良案を考えることができます。

次に②です。日常の行動と違う行動をしている人や、決められたことと違うモノなどを探すと、モノやコトにどんな問題があるのかを探ることができます。

以前、掃除機の使い方を観察するために、ある家庭を訪問したことがあります。通常と違う使い方をしていたので、気になって理由を聞いてみました。

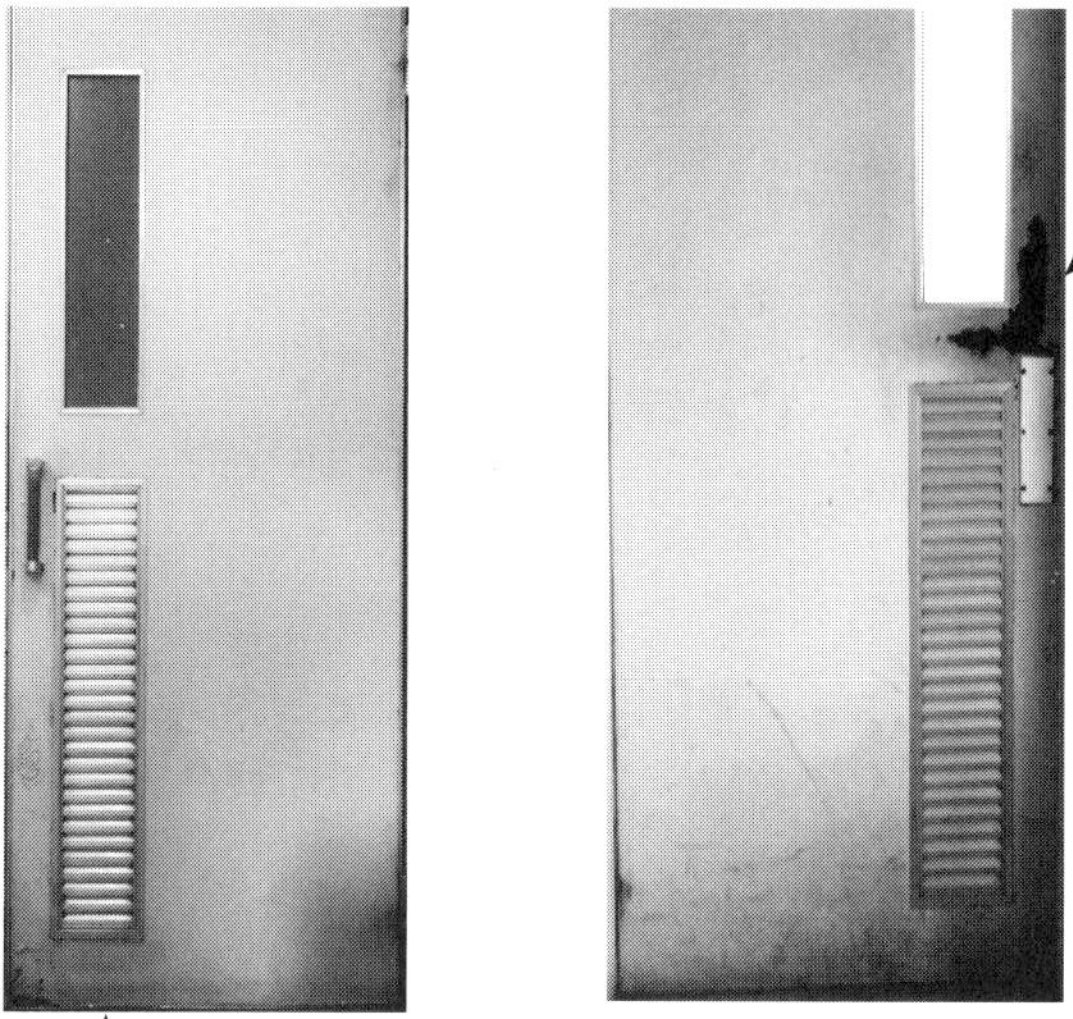
痕跡
ハンドルを引くという制約のため、
痕跡はない

ドアの痕跡

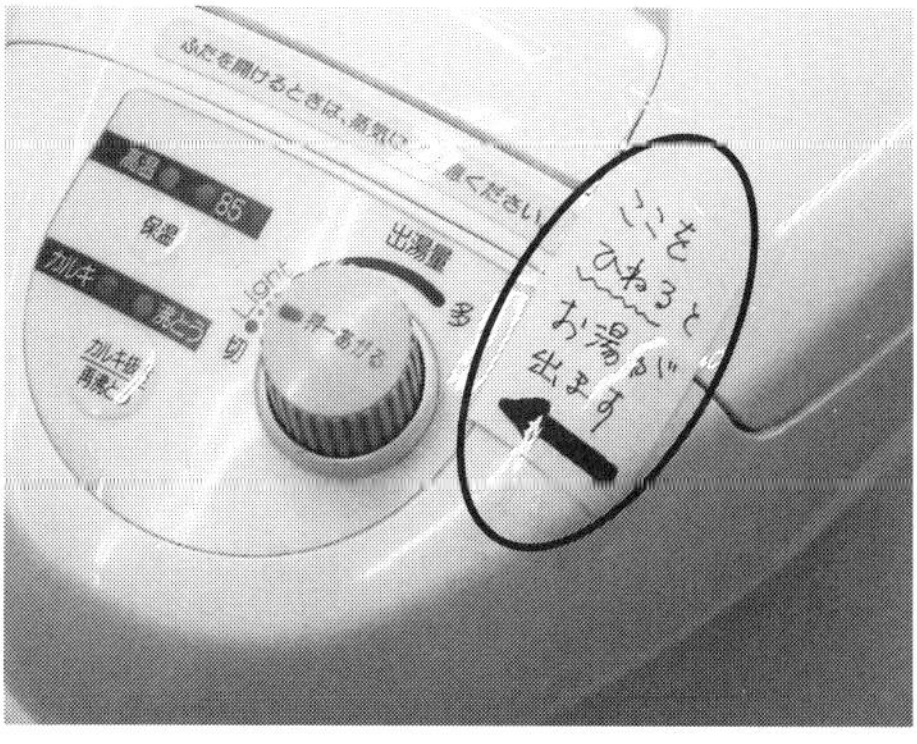

注意書きの痕跡

すると、テレビ台の下を掃除したい、床の一部に凹んだ空間があり、ここをきれいにしたいので這いつくばった、などのコメントを得ることができました。

ここから、その人が掃除機に求めることがわかります。

「なぜこの人はこのような考えをするのだろうか？」

「どうしてこのような形状、機能になっているのか？」

こうした疑問は観察を行うと生じるのですが、この疑問を解き明かすことにより、その人の行動や思考の原因がわかります。


問題解決のための絞り込み思考はマクロからミクロの流れで考えますが、**観察の場合はミクロからマクロへと絞り込むので、逆の絞り込み**と言えるでしょう。

例えば、商品ならば、なぜこのようなデザインなのか、企画意図はなんなのか、それらを生み出している目的がわかるのです。

また、それらを追究していくと、影響を与えている大きな潮流を発見できます。

今まで述べてきた絞り込み思考では無限にある情報の中から解決案を導き出すことができるのに対して、**逆の絞り込みでは、企画やデザインの目的や世の中の潮流を知ることができる**のです。

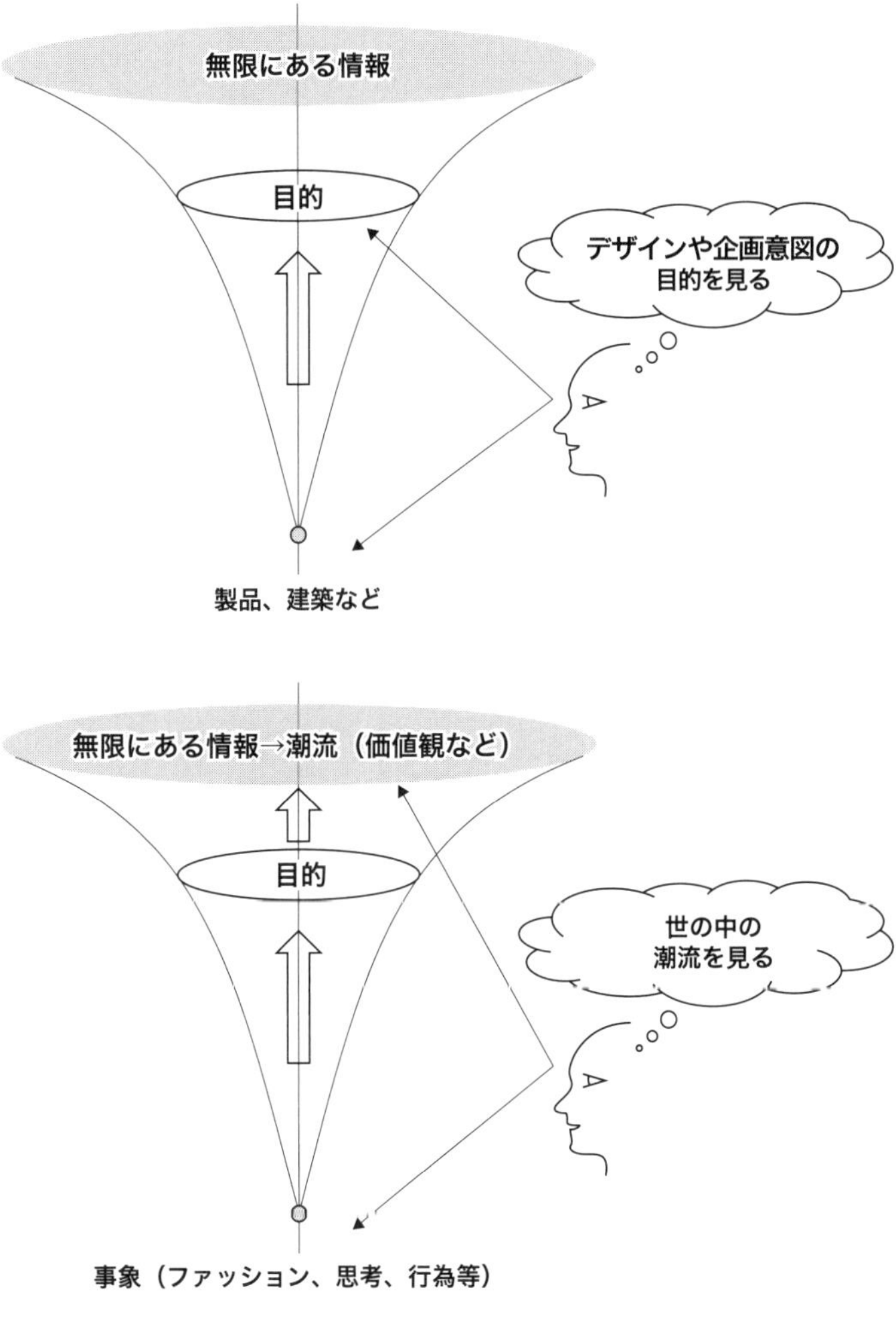
無限にある情報
目的
デザインや企画意図の
目的を見る
製品、建築など
無限にある情報→潮流（価値観など）
目的
世の中の
潮流を見る
事象（ファッション、思考、行為等）

逆の絞り込み

現象から原因を逆に絞り込むとき、人の行動やモノ・コトには、必ず目的があるので、最初に目的を絞り込みます。

デザインや企画の意図は目的を知るだけで十分ですが、世の中の潮流を調べるには、目的からさらに絞り込む必要があります。

具体的な逆の絞り込みの方法については、次の項で解説していきます。

逆の絞り込みの3つの方法

逆の絞り込みの方法は、3つあります。

①ある事象・行動の結果から原因を絞り込む方法
②ある事象に対して、「結果」↓「原因」の関係から目的を探り、これを何回か繰り返して最後に世の中の潮流を探る方法
③構造化コンセプトを逆に絞り込む方法

それぞれの方法について解説していきましょう。

①ある事象・行動の結果から原因を絞り込む方法

「結果」から「原因」を逆に絞り込んで物事の本質を推定していきます。

例えば、路線バスで同じ会社のバス同士がすれ違うとき、運転手はお互いに、手を上げて合図をしています。

【結果】運転手同士が手をあげて合図している

だとしたら、そこから

【原因】仲間としての一体感を共有したい

などが考えられます。

しかし、プロと言えど人間なので、絶対安全とは言えません。

しかも、運転席の上に運転者の氏名とともに「安全運転に徹します」などと表示されているのです。安全運転するという目的には、このような手を上げるという行為は含まれていないはずです。この「目的」から考えると、手を上げて合図をする必要はないのではないかという本質に行き着きます。

「結果」から「原因」を絞り込むことで、本質を導き出すことができるのです。

②ある現象に対して、「結果」→「原因」の関係から目的を探り、これを何回か繰り返して最後に世の中の潮流を探る方法

この方法も、結果から原因を求めます。

ただ、この場合は求めた原因を結果とし、そこからさらに原因を求めます。この繰り返しをして目的や潮流を求めます。

例えば、駅でエスカレーターと階段があるとき、皆さんはどちらを利用するでしょうか。

このような、なんてことない選択からも、世の中の潮流を見いだすことができます。

エスカレーターを利用する人（エスカレーターを歩く人）の場合

【結果】 エスカレーターの利用

← **【原因】** 早く着きたい、体に負担をかけたくない

← **【原因】** 効率的に時間を処理したい（目的）

← **【原因】** 合理主義という考え方である

階段を利用する人の場合

【結果】階段の利用
←【原因】体を鍛えたい
←【原因】健康体でいたい（目的）
←【原因】健康主義という考え方である

この結果から、1つの可能性として世の中の合理主義と健康主義の潮流を探ることができます。

もちろん、導き出したものが絶対に正しいというわけではありませんし、考え方によっては別の原因を導き出すことができるかもしれません。

続けて、「気が利かない」ということについても、考えてみましょう。

「気が利かない」という結果（事実）から、何を導くことができるでしょうか。

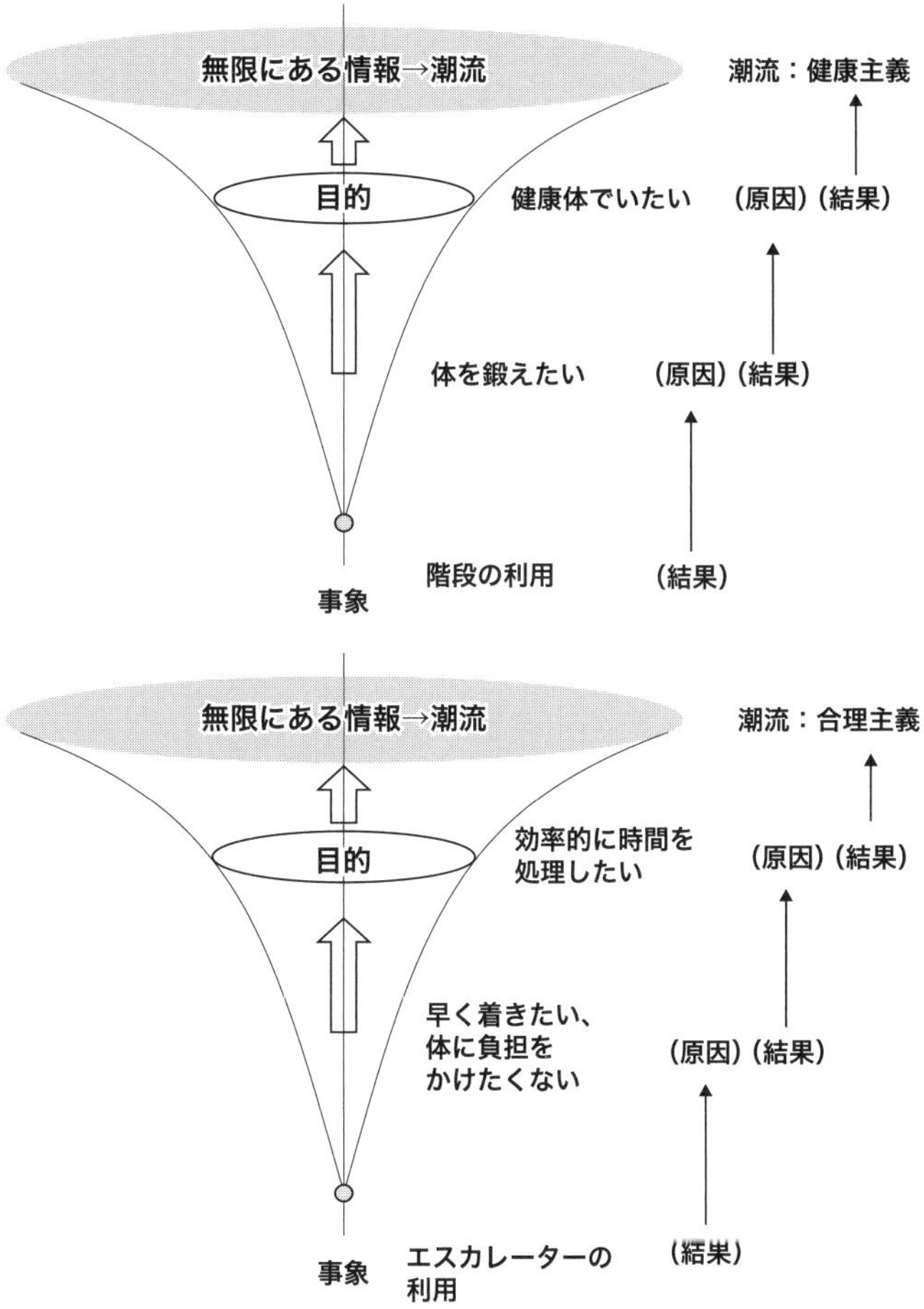
無限にある情報→潮流
潮流：健康主義
目的
健康体でいたい
(原因)(結果)
体を鍛えたい
(原因)(結果)
階段の利用
(結果)
事象
無限にある情報→潮流
潮流：合理主義
目的
効率的に時間を
処理したい
(原因)(結果)
早く着きたい、
体に負担を
かけたくない
(原因)(結果)
事象
エスカレーターの
利用
(結果)

世の中の潮流を探す

【結果】気が利かない
←【原因】視野が狭い（幅広く考えない）
←【原因】思い込み、「べき論（～すべきと考える）」による思考の効率化
←【原因】自己中心主義

気が利かない人を観察すると、確かに人やモノゴトを幅広く考えず、自己中心的な振る舞いが多いという印象があります。

このように、結果から原因を、そしてその原因からさらに原因を絞り込んでいき、目的や潮流、本質を導くことができます。

③構造化コンセプトを逆に絞り込む方法

最後は、構造化コンセプトを逆に絞り込む方法です。

システムや出来事を観察して、さまざまな情報を得たらそれらの情報をまとめ、構造化コンセプトの第二階層（もしくは第三階層）を推定します。

そうすることで、そのシステムや出来事のもとである構造化コンセプトを導くことができます。

例えば、郊外にある、あるホテルを観察して得られた情報が、次の通りだとします。

- アメニティはフロント横に置かれている
- 会議室や会議場を併設している
- （客室）冷蔵庫はデスクの中に収納されている
- （客室）ティッシュペーパーもデスクの中に収納されている
- （客室）室内には木が多用され、落ち着いた雰囲気である
- （客室）デスク周りには間接光が使われている
- （客室）フロアスタンドの照明器具がある
- （客室）小さい丸テーブルと木製のイスがセットで置かれている
- （客室）デスクの高さが73㎝（背の高い海外からの宿泊者のためかもしれない）

以上の情報から絞り込んだ構造化コンセプトが、左ページの図です。第二階層の項目のウエイト値は、実際にホテルを観察した感覚でつけることができます。

結論として、このホテルの構造化コンセプトの最上位項目は、「ビジネス支援を行う滞在・リラックス型ホテル」ではないかと推定できます。

このように、逆の絞り込みは、モノ・コトや人の本質を探る方法です。この本質をもとに、絞り込み思考で問題解決をすれば、さらに最適な答えを導き出させるでしょう。

また、逆の絞り込みは、ライバル社のリサーチやヒット商品の分析にも使えるでしょう。

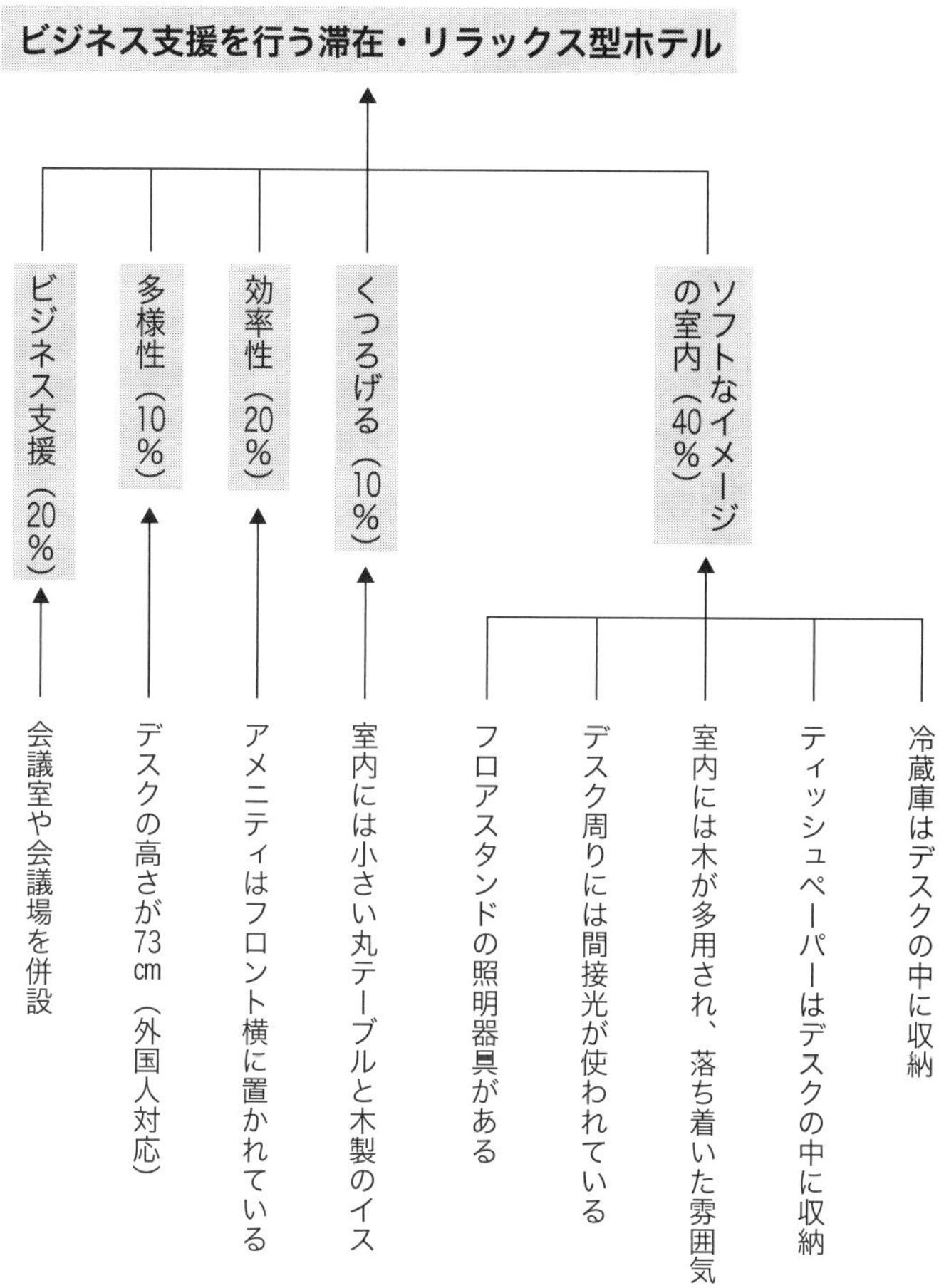

ホテルの構造化コンセプトを逆から絞り込む

REMで要求事項を絞り込む

絞り込みは、REMを実践する際にも活用できます。

REM（Hierarchical Requirements Extraction Method／階層型要求事項抽出法）とは、製品やシステムの問題点を探し出しその根本原因を求めたり、問題点の解決案から究極の目的を求めたりする方法です。筆者が開発し、『デザイン科学事典』（日本デザイン学会編／丸善出版）にも掲載されています。

究極の目的と根本原因からは、要求事項を抽出することができます。

要求事項がわかれば、それを参考に構造化コンセプトをつくることができます。

まずは、究極の目的と根本原因を抽出します。

究極の目的の抽出には「逆の絞り込み」、根本原因の抽出には「絞り込み」の手法を活用できます。手順は次の通りです。

究極の目的の抽出（逆の絞り込み）

①製品やシステムの問題点を抽出して列挙する
②その問題点の解決案を求める
③その解決案を手段としたときの目的を求める
④さらに「手段↓目的」の関係から上位の目的を求めていき、それ以上求められない「究極の目的」を求める
⑤要求事項を求めるには究極の目的は抽象的すぎるので、1つ手前の目的から要求事項を抽出する

根本原因の抽出（絞り込み）

①製品やシステムの問題点を抽出して列挙する
②その問題点の原因を求める
③さらにその原因を結果として「結果↓原因」の関係から原因を求めていき、それ以上求められない「根本原因」を求める
④根本原因、あるいは1つ手前の「原因」に対して要求事項を求める
※このとき、原因は否定的に書かれるので、反転させて肯定の表現に変えます。例え

ば、製品の「重量が重い」が原因ならば、逆の「軽量にする」が要求事項になります。

例として、ある観光地のカフェの要求事項を、REMを使って導き出してみましょう。

究極の目的の抽出　※問題点とその解決案

①従業員が挨拶をしない↓挨拶する

②水がなくなったコップに注水しない↓注水する

③座席が狭い↓広くする

④室内がうるさい↓静かな環境にする

⑤精算時、割り勘を断られた↓客の要望に柔軟に対応する

根本原因の抽出　※問題点とその原因

①従業員が挨拶をしない↓顧客に対する配慮不足

②水がなくなったコップに注水しない↓顧客に対する配慮不足

③座席が狭い↓顧客に対する配慮不足

④室内がうるさい↓顧客に対する配慮不足

⑤精算時、割り勘を断られた↓顧客に対する配慮不足

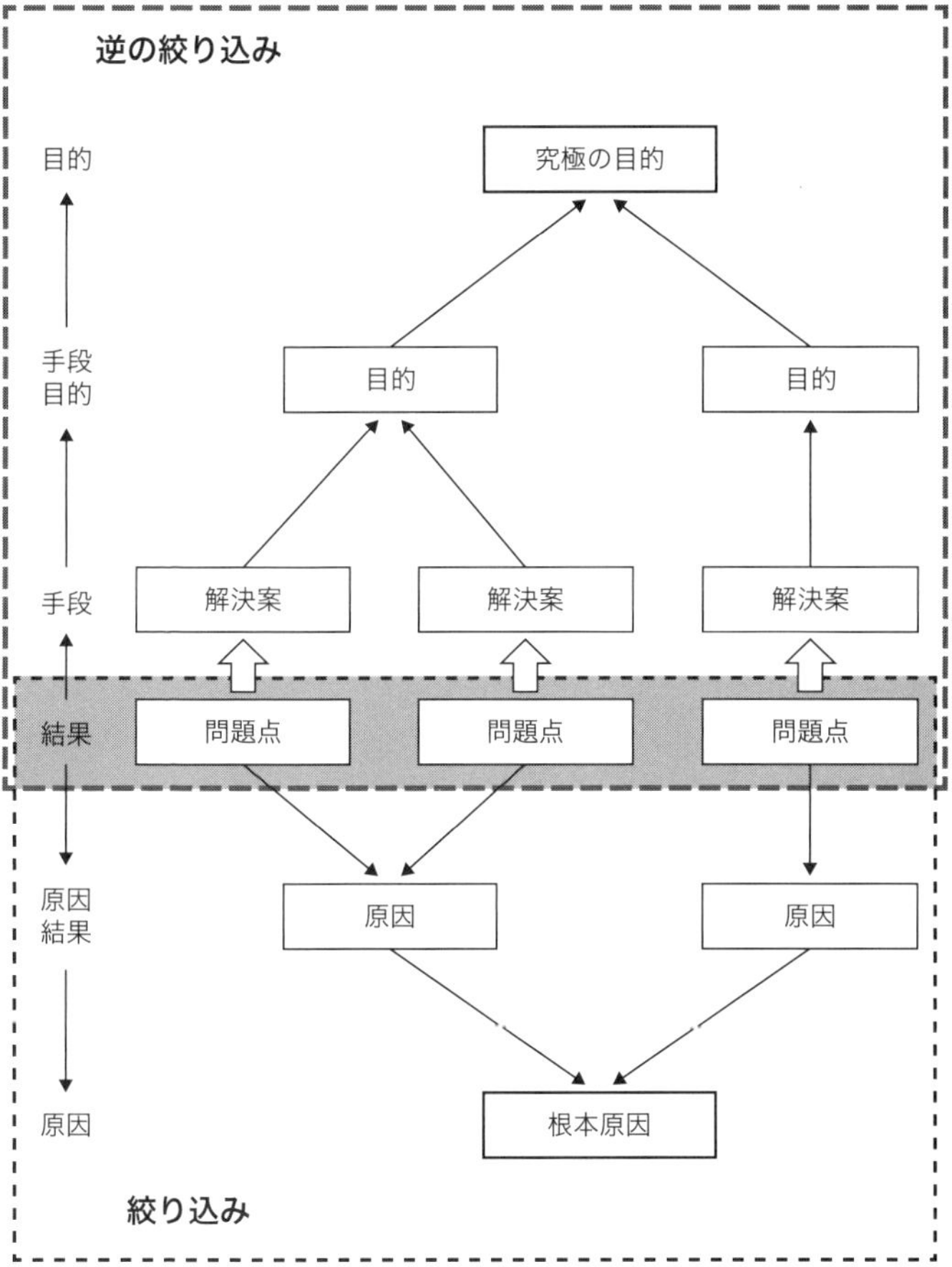
逆の絞り込み
目的
究極の目的
手段
目的
目的
目的
手段
解決案
解決案
解決案
結果
問題点
問題点
問題点
原因
結果
原因
原因
原因
根本原因
絞り込み

REMの骨組み

以上の分析データから、究極の目的として「顧客に良い気分で過ごしてもらう」を導くことができます（左ページの図参照）。

ここから要求事項を導き出す方法は次の通りです。

問題点の解決案を手段とすると、その目的は要求事項に変換されます。

要求事項として、究極の目的では抽象的すぎるので、一つ手前の目的から「顧客に感動を生む体験」「豊かな環境の提供」が導き出せます。

問題点を結果とすると、その原因の反対が要求事項になります。

このカフェの場合、根本原因では抽象的すぎるので、一つ手前の「従業員へのマネジメント不足」を要求事項に変換して、「権限移譲」が要求事項になります。

これらの要求事項を整理して、カフェの要求事項を次の3つにまとめました。

①顧客に感動を生む体験の提供
②カフェ空間の充実
③従業員への権限の委譲

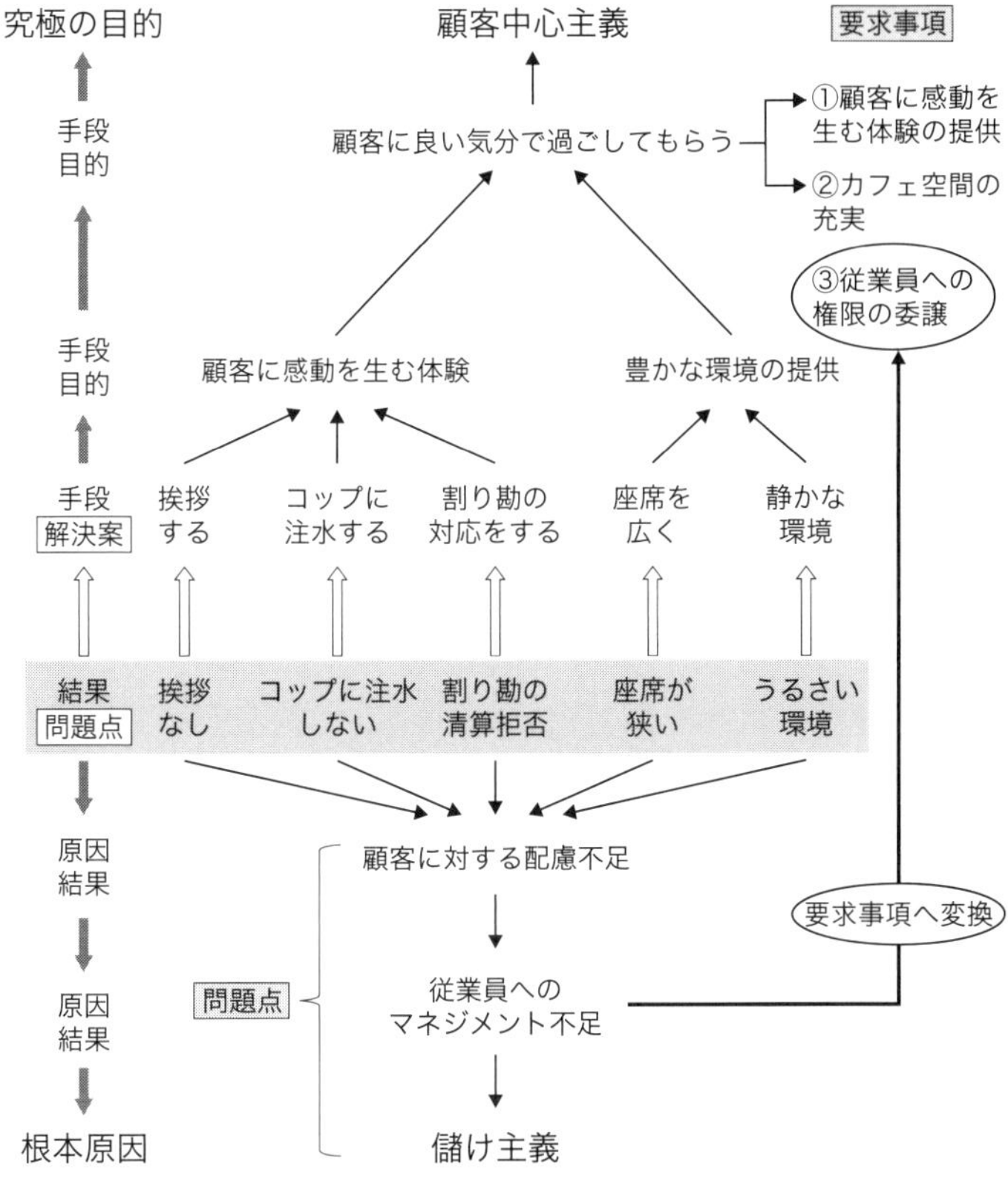

「顧客に良い気分で過ごしてもらう」という目的に対しての要求事項
①顧客に感動を生む体験の提供
②カフェ空間の充実
③従業員への権限の委譲

REMで導いたある観光地のカフェの要求事項

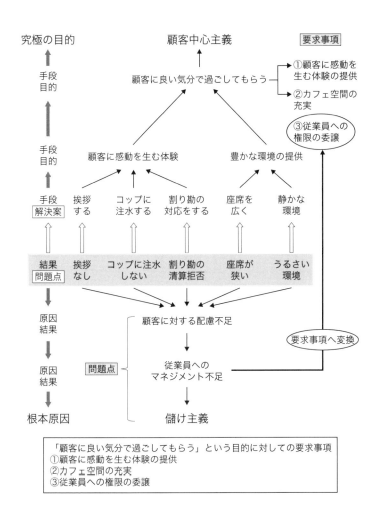

要求事項を導き出したら、３つの要求事項を参考に構造化コンセプトをつくります。「顧客に良い気分で過ごしてもらう」を構造化コンセプトの最上位項目にして、下位項目を決めていきます。

例えば、次のようにです。

①顧客中心主義

企業ビジョンを再定義し、顧客中心主義へと変更します。

ウエイト値は30％としました。

②森の中での生活感覚の演出

「顧客に感動を生む体験の提供」と「カフェ空間の充実」から「森の中で生活するような感覚を演出する」という具体案を考えられます。

例えば、ビルの1、２階が吹き抜けになっている空間の一部に、背の高い樹木を多く植え、森林のような雰囲気にし、そこに木のテーブルやイスを配置したカフェです。

一番大事な項目なので、ウエイト値は45％としました。

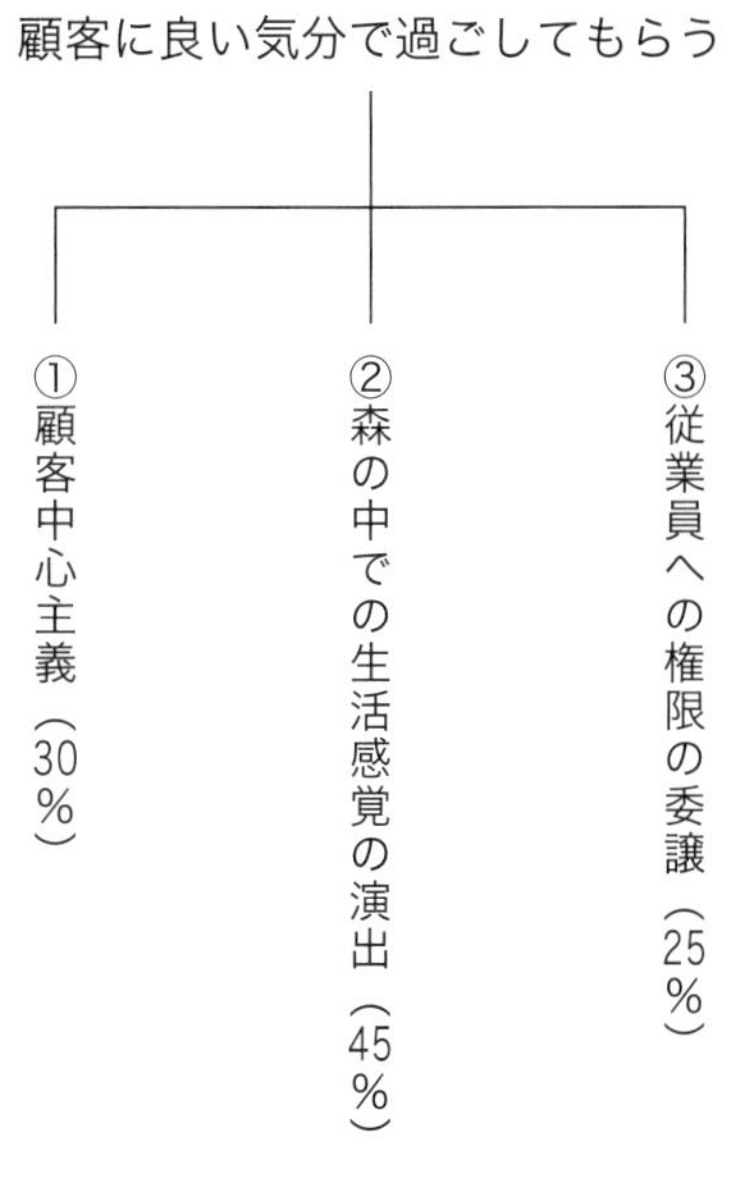

要求事項からつくったあるカフェの構造化コンセプト

③従業員への権限の委譲

従業員が顧客のために自分で意思決定できるようにします。何か問題点があれば、経営者に改善の提案をするのです。権限を委譲することにより、従業員はやる気が起き、従業員同士のコミュニケーションも良くなります。

ウエイト値は25％としました。

このようにして、当初のカフェとは全く違うカフェを提案できました。

以上のようにREMで絞り込みを活用することにより、究極の目的と根本原因から要求事項を求めることができるようになります。そして、より詳細な構造化コンセプトをつくることができるようになります。

プレゼンに構造化コンセプトを活用する

プレゼン（プレゼンテーション）ではよく、「最初に結論を示せ」「提示情報の順番を考えろ」などと言われます。

しかし、それだけでは、それぞれの情報がどのような関係にあるのか、どれが一番重要な情報なのかがわかりにくいでしょう。

これらの問題を解決するのが、絞り込み思考の構造化コンセプトです。

構造化コンセプトにより、やるべきことが絞り込まれます。構造化コンセプトで、どの情報が一番重要なのかがわかれば、その情報の説明に多くの時間を割り当てることができます。

私は今まで多くの講演を国内外で行い、また聴講してきました。

良いプレゼンは、伝えたいことが正確に、相手側に伝わるものです。

一般的に、プロジェクターの投影や液晶画面による視覚情報と、発表者による音声情報（聴覚情報）によって、プレゼンは行われます。

ただ、音声は瞬間的に流れて消えていくので、発表者が大きな声でしゃべったからといって聴講者に必ず伝わるとは言えません。

従って、**提示画面の視覚情報を主とし、音声は副にするのが情報伝達のポイント**です。

このことから、スピーチだけの講演会は非常に難しいと認識してください。


話すということは、時間軸上で情報を順次提示することですが、この情報を空間的に配置し直して構造化しなくては、聴講者に理解してもらうことはできません。

つまり、述べている情報の流れを、空間の位置関係に置き直す必要があります。

プレゼンは文字だけよりも、各情報の関係を示したほうが非常にわかりやすくなるのです。

言葉による情報の場合、1箇所でもわかりにくいところがあると、全体の理解が困難になる場合が多くあります。

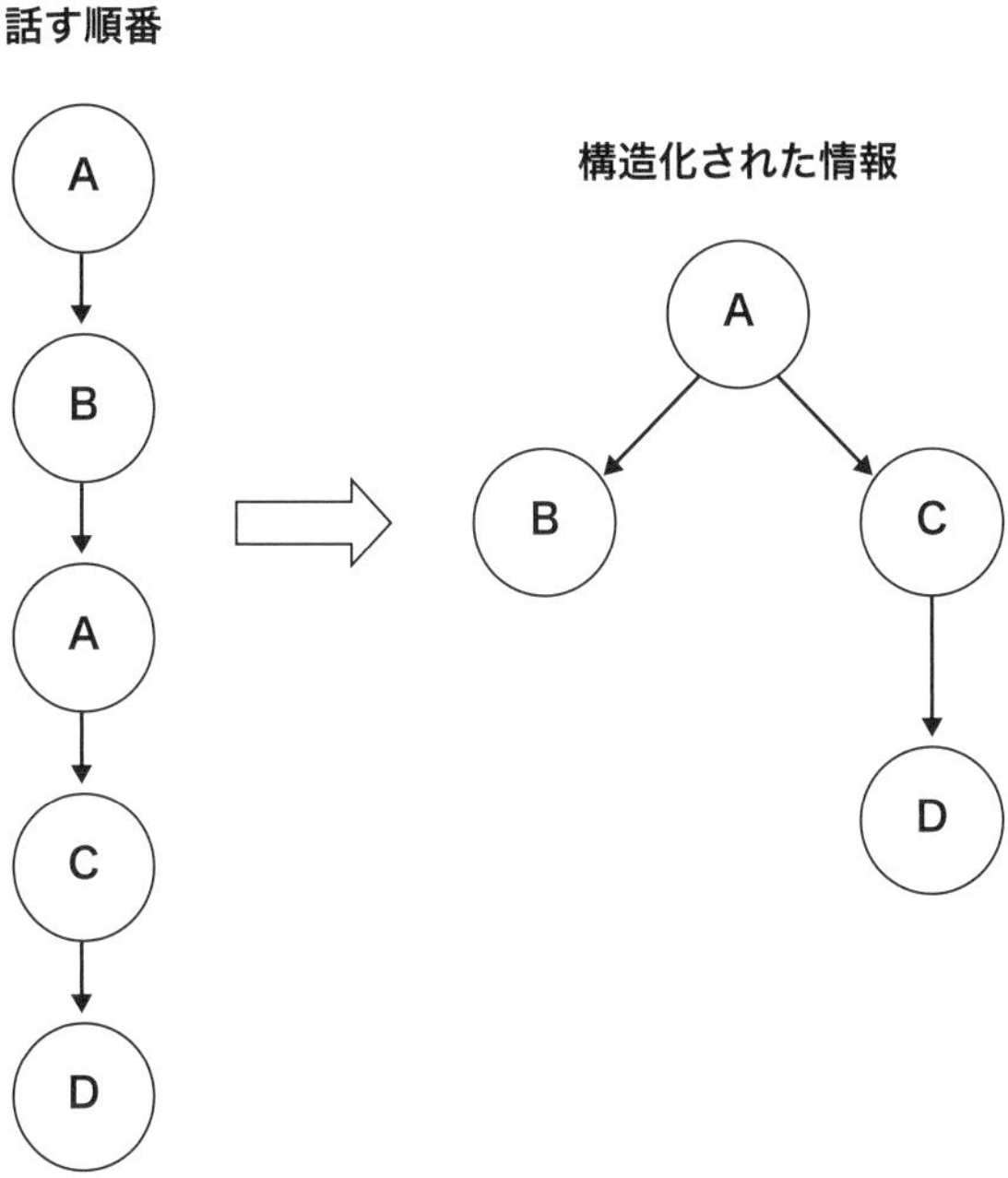

情報の構造化

それでは、プレゼンで絞り込み思考を活用する具体的な方法について、解説していきましょう。

無限にあるプレゼン方法の中から、絞り込みにより最適なプレゼン方法を抽出していきます。そのためには、どのような制約があればいいでしょうか。

プレゼンは、発表者が聴講者に的確に情報を伝えるためのものです。

そのため、構造化コンセプトを次のように定めました。

構造化コンセプトの最上位項目

聴講者が内容を理解し、満足感を得られるようにする

この構造化コンセプトの最上位項目を受けて、第二階層の項目を考えます。

例えば、次のようにです。

構造化コンセプトの第二階層の項目

①聴講者の知識レベルを把握し、理解できる情報に絞り込む（30％）
②発表時間に対応したストーリーをつくる（25％）

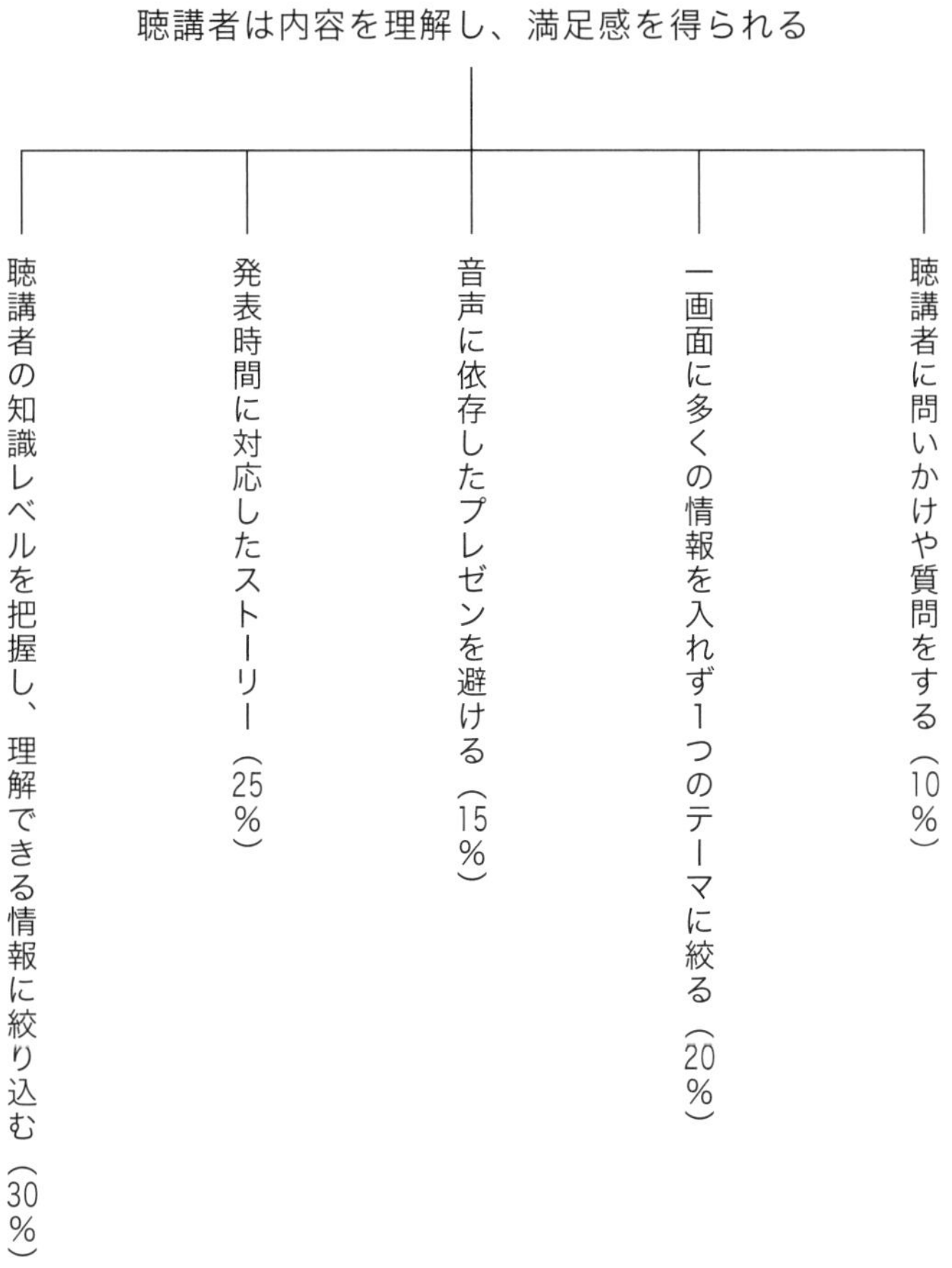

プレゼンの構造化コンセプト

③音声に依存したプレゼンを避ける（文字だけの一画面で長時間話すなど）（15％）
④一画面には多くの情報を入れず1つのテーマに絞る（20％）
⑤聴講者に問いかけや質問をする（満足感の提供）（10％）

今回の場合、構造化コンセプトは二階層ですが、もう少しやるべきことを細かく決めたい場合は、第三階層に記入しましょう。

プレゼンの経験が多い方なら当たり前のように感じるかもしれませんが、構造化コンセプトを考えてつくることにより、これらを意識したプレゼンを準備することができるようになります。

コンセプトに基づいて意思決定する

意思決定とは、複数の解決案（製品やアイデアなど）の中から、目的あるいは構造化コンセプトに適合した解決案を絞り込むことです。

意思決定は、モノづくりだけでなく、企業の方針を提示された数案の中から選ぶ、公募で提出された小説や建築デザイン案の中から1案を選ぶなど、我々の身近にある手法です。

意思決定に似た考え方に、「評価」があります。

評価は、簡単に言えば、モノゴトの価値や成果に対し、良いか悪いかを判断する作業です。

つまり、**意思決定は数案の中から選ぶことであり、評価は数案の良否を判断すること**と言えます。

評価の場合、数案の良否を判断しますが、その結果、一番良い評価の案が選ばれることもあるので、結果的には意思決定と重複する部分があります。

意思決定の方法には、ＡＨＰ（Analytic Hierarchy Process）＝階層分析法などの本格的なものもありますが、本書では、より実用的で容易な方法を紹介します。


例として、企画案を絞り込む際の意思決定を考えてみましょう。

最適な答えを絞り込むための構造化コンセプトの第二階層の項目として、「体験・知識環」（３００項目）の中の「モノ・コトづくりに関する体験・知識」（１９３ページ参照）の中の有用性（機能面など）、利便性（わかりやすさなど）、魅力性（デザインなど）を使って企画の適合性をチェックすることにします。


意思決定において絞り込み思考を活用する手順は、次の通りです。

まずは、複数の案から最適案を絞り込むために、新たな目的と構造化コンセプトをつくります。

別の言い方をすれば、**意思決定をするための目的と構造化コンセプト**です。

次に、最適解を絞り込むための評価項目を決めなければなりません。

実際に例を見ていきましょう。

①意思決定する対象を決める

例として、製品企画案A、B、Cの3案の中から選びます。

②意思決定するための目的と構造化コンセプトを決める

目的は「感性重視の企画案の追究」とします。

構造化コンセプトの最上位項目は目的を受けて、「ユーザー中心の感性に訴える製品企画案」とします。構造化コンセプトの第二階層の項目（評価項目）は先に述べたように有用性、利便性、魅力性の3項目です。

③3つの評価項目のウエイト値を決める

構造化コンセプトの方針から、「感性」と「ユーザー中心」の視点が重要な要素となるので次のようにしました。

有用性：魅力性、利便性との関係から、20％（0・2）としました。
利便性：「ユーザー中心」にも関係が深いので、30％（0・3）としました。
魅力性：「感性」に一番関係があるので、50％（0・5）としました。

④評価を行う

評価を5点満点で行います。

製品企画案A：有用性・利便性は良いので5点、魅力性は普通なので3点
製品企画案B：有用性はやや良いので4点、利便性・魅力性は普通なので3点
製品企画案C：有用性・利便性はやや良いので4点、魅力性は良いので5点

⑤得た評価値に評価項目のウエイトをかけて、それらの合計値を求める

企画案A：有用性5点×0・2、利便性5点×0・3、魅力度3点×0・5
→合計4・0
企画案B：有用性4点×0・2、利便性3点×0・3、魅力度3点×0・5
→合計3・2
企画案C：有用性4点×0・2、利便性4点×0・3、魅力度5点×0・5
→合計4・5

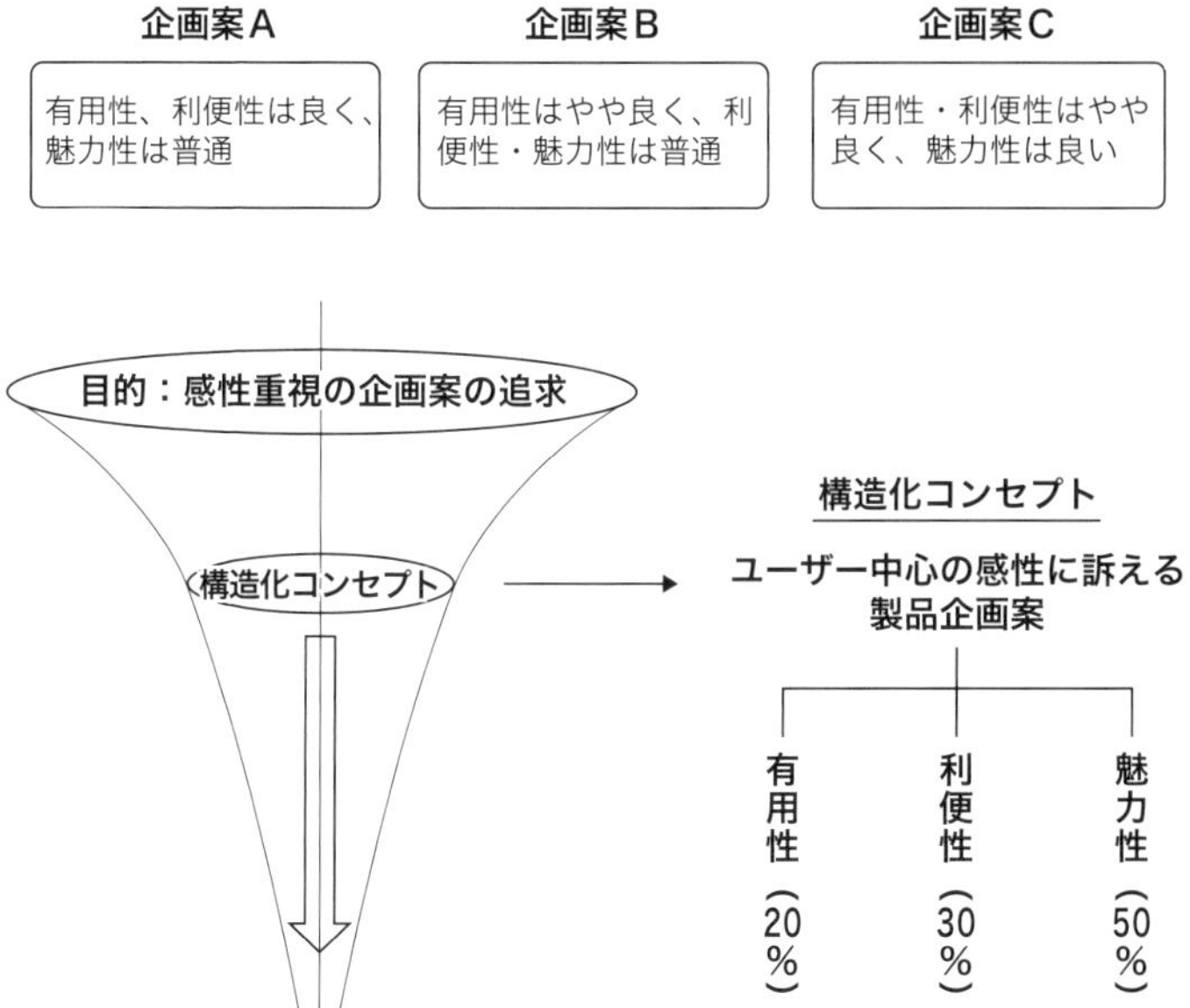

評価項目	有用性	利便性	魅力性	合計
ウエイト値	0.2	0.3	0.5	1
A案	5点×0.2	5点×0.3	3点×0.5	4.0
B案	4点×0.2	3点×0.3	3点×0.5	3.2
C案	4点×0.2	4点×0.3	5点×0.5	4.5

意思決定の方法

以上から、製品企画案Cを選ぶことができます。
同じ企画案でも、第二階層の検討項目が変われば結果は変わるでしょう。
また、この手法を企業で製品の評価に使う場合は、ターゲットユーザー10人以上にアンケートを行うと、その製品の特性を把握することができます。

3項目では詳細な評価ができないということであれば、3項目の下により具体的な下位の評価項目をつくって評価するといいでしょう。

例えば、有用性、利便性、魅力性の場合の下位項目（193ページ）は次のようなものです。

・有用性：機能面、性能面、価格面、耐久性、エコロジー面、信頼性など
・利便性：わかりやすさ、操作性、収納性、安全性、メンテナンス性など
・魅力性：デザイン、楽しさ、雰囲気、形状、質感、色彩、触感など

同様にシステムや組織の運営には、「体験・知識環」（300項目）の中の「組織・マネジメントに関する体験・知識」（189ページ）にある次の3項目などを活用することに

より、人にやさしく効果的な運営をすることができるでしょう。

- **組織の方針の明確化**
- **メンバー間の情報の共有化**
- **メンバーのモチベーションの活性化**

この意思決定の方法は、日常の買い物（どの商品を購入するのか迷うとき）や住宅の購入、人間関係の構築（誰と一番うまくいくのかなど）、人事評価（給料の査定、昇進など）、会社での備品・設備の購入時など、活用できる範囲が広いので、ぜひ使ってみてください。

問題が起きたときに絞り込み思考を活用する

問題が起きたときの解決案も、絞り込み思考をベースに導き出すことができます。その方法を解説していきましょう。

そもそも、問題が起こる原因は、目的・構造化コンセプトと結果の不一致にあります。

例えば、コーヒーカップが売れないとします。

この問題をどう解決したらいいでしょうか？

目的・構造化コンセプトと結果を一致させるには、次の3つの方法が考えられます。

①目的を変える

②目的を変えずに構造化コンセプトの項目やウエイト値を変える
③新しい構造化コンセプトをつくる

これらの3つの方法のうち、最適な方法を選択します。

①目的を変える

目的を変えることで、その価値を変えます。
コーヒーカップの場合、その目的を変えて花瓶やペンなどの物入れとして販売します。
商品は変わりませんが、今まで気がつかなかった価値を提供することができます。

②目的を変えずに構造化コンセプトの項目やウエイト値を変える

構造化コンセプトを変えることにより、問題解決がなされることがあります。

コーヒーカップの場合、従来のオーソドックなカップの形状から離れて、飲みやすさを追求したり（口が当たる部分の形状など）、重心を考えて取っ手の位置を変えたり、香りを閉じ込められる形状を検討したりします。

③新しい構造化コンセプトをつくる

前述の①、②の問題解決の方法は改善レベルの話ですが、新しい構造化コンセプトをつくるというのは、全く新しい考え方で問題解決にあたるという戦略です。

コーヒーカップの場合、珐瑯《ほうろう》（金属材にガラス質の釉薬《ゆうやく》を焼き付けたもの）カップの本体全面に編んだひもを巻きつけたり、円筒状の木のかたまりをその外周にはめ込んでみたりしてもいいかもしれません。

従来のこの種の問題解決では、問題の定義をしたあと、解決案のアイデアを数多く出して選ぶという方法が主流でした。しかしこれでは、方針（構造化コンセプト）を厳密に決めないままアイデアを出すので、解決案が分散してしまいます。

分散したアイデアをグループ化すると、結局、紹介した3つの項目「①目的を変える」「②目的を変えずに構造化コンセプトの項目やウエイト値を変える」「③新しい構造化コンセプトをつくる」に帰着します。

思いつきでアイデアを多く出すのでは非効率的なので、筋道のある目的・構造化コンセプトによる解決案の絞り込みは、非常に効率的かつ効果的と言えるでしょう。

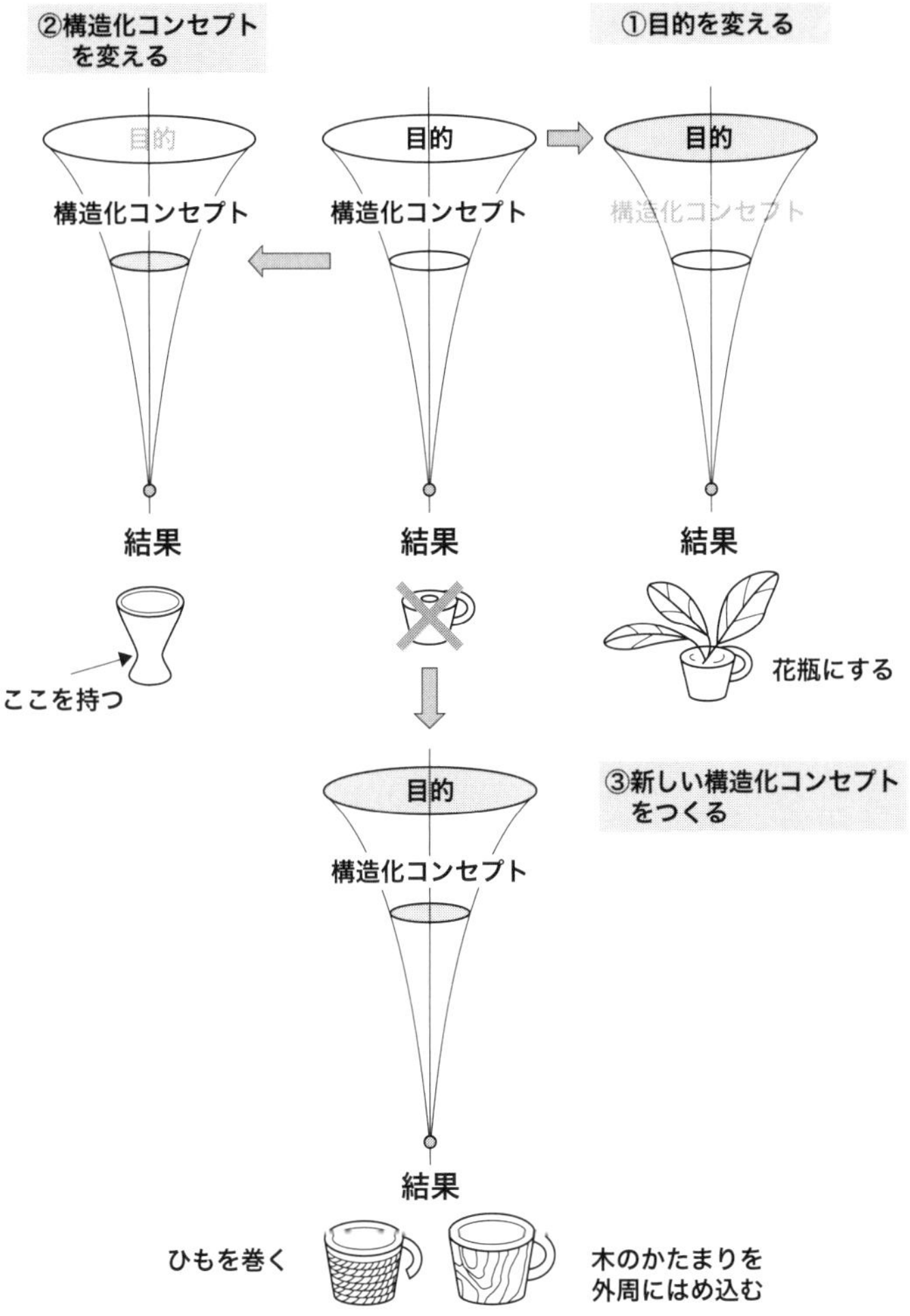

売れないコーヒーカップの問題を解決する３つの方法

すべてを絞り込み思考で考える

本書では、「絞り込み思考」の方法、「逆の絞り込み」、また、絞り込みのさまざまな活用方法について紹介してきました。

本書で度々言及してきましたが、人間は無意識に絞り込み思考をしています。

親が小学生に500円を渡して「好きなものを買っていいよ」と言ったとき、子どもはどういう対応をするでしょうか。

500円という制約の中で、まずは自分が一番欲しかった300円のボールペンを購入し、残りの200円で次に欲しかったノートを購入するかもしれません。

このとき、小学生の頭にあるのは「500円」という制約です。

その制約の中で実現できるボールペンとノートを購入するという構造を理解し、判断を下しているのです。

ちなみに、この小学生に将来なりたい職業は何かと問うと、人を助けたいので医学部に入って医者になりたいと言うかもしれません。

これは、人やシステムを動かしている根本を探っているので、逆の絞り込みです。

このように、本書で紹介した絞り込み思考は、皆さんが普段行っていることです。

それを体系化し、複雑な問題でも絞り込みで考えられるようにしたものが、本書で紹介したものたちです。

そのため、絞り込み思考は決して難しくなく、誰もができる思考法です。

最初はうまくできないと感じることもあるかもしれませんが、慣れれば簡単にできるようになるでしょう。

やってみて「違うな?」と感じたら、巻末の「体験・知識環」（300項目）を使って、構造化コンセプトの最上位項目や下位項目を別のものにどんどん入れ替えてみましょう。

その中で、きっとスムーズに構造化コンセプトをつくることができるようになるはずです。

また、特に最初のうちは、１人で考える問題でも、必ず紙に構造化コンセプトを書き出し、絞り込み思考の手順に慣れていってください。

巻末の付録「体験・知識環」（３００項目）の項目もぜひ増やしていきましょう。皆さんによって世界で唯一の、タメになる資料となることでしょう。

今まで解決できなかった問題も、絞り込み思考を使って、どんどん答えを導き出してみてください。

おわりに

デザインと人間工学を専門にしていると、デザインでの疑問は人間工学で解決し、人間工学での知見をデザインでまとめることができることに気づき、思考するときやモノ・コトをつくるときに重宝してきました。

デザインは右脳的であり、人間工学は左脳的で、両者のシナジー効果があるのだなとずっと感じていました。

そうして、デザインと人間工学を統合して製品開発やサービス構築の方法を解説した『デザイン人間工学』（共立出版）を出版しました。

企業と大学で製品開発に係る仕事をする中で、製品開発には道筋がなく、暗中模索の感がしていたとき、さまざまな分野での開発プロセスからヒントを得て、製品開発に特化した『ヒューマンデザインテクノロジー入門』（森北出版）を出版しました。

この本は評判になったようで、大学の教員から問い合わせがあり、韓国でも出版されました。学会発表のために訪韓したとき、ソウルの大きな書店で何気なく見ていたら、この本が展示されていて感激した思い出があります。

今回、本書を執筆するにあたってバックボーンとなったのが、この『ヒューマンデザインテクノロジー入門』の考え方です。

このような流れでだんだんと絞り込み思考の考え方が浮上・熟成し、学会などで発表してきました。

絞り込み思考は、通常、誰でも行っている考え方です。

これを、製品開発、発想、意思決定、観察、プレゼン、人間関係の問題など、幅広い分野で活用したのが、本書で紹介した絞り込み思考でもあります。

この絞り込み思考をぜひ実践してみてください。

絞り込み思考を行っていくと、「体験・知識環」（300項目）に接する機会が増え、おのずと考えるようになり、無理なく目利きになれます。

世の中にあるいろいろな思考法では、さまざまな人の意見を聞きながら結論（合意）を見いだす「協創」が大事だと述べられる場合が多くあります。

しかし、協創が有効なのは合意を得る場合だけです。

例えば、街に新たな道路をつくるケースなどは、利害関係者の合意を得なければなりません。

一方で、製品開発に協創を使うのも悪くはないのですが、斬新なアイデアが生まれる確率は低くなるでしょう。

では、そのテーマに関する高感度人間を集めて会議を行うのは有効でしょうか。いくら多くの人を集めて意見を収集しても、最終判断を下すのは主催者です。この主催者が目利きになっていないと、最適な判断は困難です。

だからこそ、目的に合った答えを最短で導き出せる絞り込み思考が、さまざまなシーンで有効なのです。


これからの世界は、皆さんが主役です。

「誰々がこんなことをしたから自分も行う」ではなく、自分のオリジナル（生き方など）をつくる時代に来ています。

会社でも同様です。「ライバル企業がこんな製品を出したから、うちも行う」ではなく、ライバル会社以上の革新的な製品をつくらなければなりません。

ぜひ、この絞り込み思考を使って、さまざまなテーマや問題の最適解を導き出していただけたらと思います。

本書が完成するまで、編集担当の李様にはお手を煩わせさまざまなアドバイスをいただきました。お礼を申し上げます。

最後に、妻・由美子に感謝します。

山岡俊樹

＜付録＞
体験・知識環（300項目）

1. 社会・経済・文化に関する体験・知識（61項目）

1-1 社会に関する体験・知識

■社会の見方（31項目）
・都市
・村落

・工業
・商業
・農業

・工業化社会
・情報化社会

・グローバル化社会
・エスニシティー（民族性）

・感情労働
・頭脳労働
・肉体労働

・コネクテッド（connected：「インターネットにつながった」という意味）

・高齢化社会
・人口減少
・少子高齢化

・大気汚染
・海洋汚染
・土壌汚染

考え方や働き方などの
・多様性（diversity：ダイバーシティー）
・柔軟性（flexibility：フレキシビリティー）

「体験・知識環」の使い方

1．まず５領域の中から、テーマや問題と関連のある領域を選びます。
2．その領域の中で、テーマや問題と照らし合わせて、考える必要があると思われる項目を複数、選択します。
3．それらの項目を参考にして、目的や構造化コンセプトをつくります。

※注
・この体験・知識環は、皆さんが目的や構造化コンセプトをつくる際の手がかりになるキーワードたちです。機械的に当てはめるのではなく、選択した項目がぴんと来なければ、他のキーワードを検討しましょう。
・わかりにくい項目にはメモや簡単な解説を記していますが、項目の単語がわからない場合や詳しく知りたい場合は、辞書や文献等で調べるようにしましょう。
・300項目はすべて一般的な情報を取り上げています。不足分があれば追加してカスタマイズしましょう（44ページ参照）。

アドバイス

製品開発や社会問題を解決する場合の基本的なベクトル

製品開発や社会問題を解決する場合は、この３つを意識して、目的や構造化コンセプトをつくると良いでしょう。

・許容（多様化）の世界
・温かい社会
・温かいビジネス（ＣＳＲ、ＥＳＧ、三方良しなど）

・ＥＳＧ（Environment、Social、Governance）：企業が長期にわたって成長するにはＥ（環境）、Ｓ（社会）、Ｇ（ガバナンス/企業統治）の３つの観点が重要という考え方
・ＳＤＧｓ（Sustainable Development Goals）：
　持続可能な開発目標を言い、17のゴールと169のターゲットにより構成
・エシカル消費：人・社会・地域・環境に配慮し、倫理的に良いモノには投資する消費行動
・グリーンツーリズム（Green Tourism）：都会で住んでいる人が農山漁村で滞在・体験しながら、自然と親しみ、地域の人々と交流する余暇活動

1-2 経済に関する体験・知識（8項目）

・低炭素経済（low carbon economy）
・循環型経済（circular economy）
・共有型経済（sharing economy）
・共同経済（collaborative economy）
・経験経済（experience economy）
・感謝経済（thanks economy）
・贈与経済（gift economy）
・ケアエコノミー（care economy）：介護などのケアワークに関する経済

1-3 文化に関する体験・知識（7項目）

・伝統文化
・大衆文化

・脱近代
・ポストモダン：近代の合理性を見直す考え方

・ハイカルチャー：上位文化
・サブカルチャー：独自性の強いマイナーな文化
・ポップカルチャー：大衆受けしているメジャーな文化

・ＶＵＣＡ（Volatility:変動性、Uncertainty:不確実性、Complexity:複雑性、Ambiguity:曖昧性）：未来予測が難しい状況

・裁量労働制：専門業務型、企画業務型
・フレックスタイム制

・イノベーション：オープンイノベーション、リバースイノベーション

・経営理念
・行動指針（クレド（credo））
・コンプライアンス：企業の法令遵守

・ハラスメント：セクハラ、パワハラ、カスタマー・ハラスメントなど

・テレワーク：在宅勤務、モバイルワーク、サテライトオフィス、ワーケーション

・リスキリング（reskilling）：業務における必要なスキルを得ること

■社会のあるべき姿（15項目）
・温かい社会
・脱差異
・脱合理主義

・自然志向
・オープンな社会
・低炭素社会
・ノーマライゼーション（normalization）：高齢者や障がい者などが健常者と同等の生活を送れる社会
・共生社会
・サステナビリティー（持続可能性）
・レジリエンス（resilience）：損害・困難に対し、回復する力
・ＣＳＲ（Corporate Social Responsibility）：企業が社会的存在として果たすべき責任

・有機的空間
・無機的空間
・労働空間
・居住空間
・個人空間
・作業空間
・娯楽空間

・明るい空間
・暗い空間

・静かな空間
・うるさい空間

・圧迫感のある空間
・解放感のある空間

・人間同士の最適な距離
・人間とモノとの最適な距離
・人間と建物との最適な距離

・構造
・仕組み

4．人間に関する体験・知識（66項目）

4-1 人間に関する基本知識（9項目）

・年齢
・性別
・職業
・年収
・家族構成
・学歴

2. 時間に関する体験・知識（11項目）

・過去
・現在
・未来

・生活時間
・娯楽時間

・労働時間
・固定時間制度
・フレックス制度　＊1-1でも言及
・裁量労働制度　＊1-1でも言及

・余暇時間
・長時間－短時間
・最繁時間－閑散時間
・手順－順番

3. 空間に関する体験・知識（27項目）

・全体空間
・個別空間
・特別空間

・外部空間
・内部空間

・公的空間
・私的空間

・ゆとり空間
・癒やし空間

他者に対する配慮
・思いやり
・感謝の気持ち
・ユーモア
・誠実さ
・謙虚さ
・寛容の精神

人への対応[*2]
①気配り
②適切な対応
③態度

・人間性
・ウェルビーイング（well-being：幸福）の追求

マズローの欲求5段階説
①生理的欲求
②安全欲求
③社会的欲求
④承認欲求
⑤自己実現欲求

4-4 消費者に関する体験・知識（12項目）

ユーザーの特性[*3]
※以下の①性格×②価値観×③消費タイプの下位項目の組み合わせで消費者を特定します。
例えば、「真面目」（①性格）×「保守派」（②価値観）×「堅実派」（③消費タイプ）の人

①性格
・意欲的
・慎重

・生活行動
・仕事行動
・娯楽行動

4-2 感情、感覚に関する体験・知識（11項目）

人間の５つの基本感情
①楽しみ
②嫌気
③悲しみ
④恐れ
⑤怒り

ＵＸ（ユーザー体験）により発生する６つの感情*1
①非日常性の感覚
　イベントや旅行などで得られる非日常性の感覚
②獲得の感覚
　商品を購入したり、贈り物を受け取ったりするときに得られる感覚
③タスク後に得られる感覚（達成感、一体感、充実感）
　プロジェクト完遂などのときに得られる感覚
④利便性の感覚
　Webサービスなどの便利さを感じるときに得られる感覚
⑤憧れの感覚
　ブランド品や新製品などに対する憧れの感覚
⑥五感から得る感覚
　好きな音楽を聴いたり、香水を嗅いだりするときに得られる感覚

4-3 人間に関する体験・知識（19項目）

・利他の考え（他者の利益を優先させる）
・利己の考え（自分の利益を優先させる）

・自己中心主義

・エンゲージメント（engagement）：個人と組織との信頼関係のことをいう（従業員エンゲージメント、顧客エンゲージメント）

・コンピタンス（competence）：専門的能力
・コアコンピタンス（core competence）：企業活動において中核となる能力

5．製品・システムに関する体験・知識（135項目）

5-1 製品・システムに関する体験・基本知識（19項目）

・製品の意味性
・製品の価値

・システム
・カオス（混沌）

・機能要求
・非機能要求：機能以外全般を指す

・自動
・手動

・デジタル
・アナログ

・需要
・供給
・価格
・コスト
・金融

・日常
・非日常

・真面目
・協調性

②価値観
・こだわり派
・流行志向派
・無難派
・保守派

③消費タイプ
・余裕派
・消費派
・倹約派
・堅実派

4-5 組織・マネジメントに関する体験・知識（15項目）

・チームワーク
・リーダーシップ
・公平性

システム・組織の運用方法[*4]
①組織の方針の明確化
①メンバー間の情報の共有化
②メンバーのモチベーションの活性化

・フラットネットワーク型
・トップダウン型

・協力的
・競争的

・エンパワーメント（empowerment）：権限を与えること

・人材育成

③Check（評価）
④Action（改善）

ＰＥＳＴ分析：政治、経済、社会、技術による外部環境を分析します
①Politics（政治）
②Economy（経済）
③Society（社会）
④Technology（技術）

３Ｃ分析：顧客、自社、競合他社による市場環境を分析します
①顧客（Customer）
②自社（Company）
③競合他社（Competitor）

４Ｐ分析：製品、価格、流通・店舗、販促・広告の４つの視点でマーケティング戦略を検討します
①Product（製品）
②Price（価格）
③Promotion（流通・店舗）
④Promotion（販促、広告）

ＳＷＯＴ分析：自社の強み、自社の弱み、自社を取り巻く機会、自社を取り巻く脅威の項目を使って、自社を取り巻く環境を分析し、自社の強みや弱みを把握します
①S（自社の強み）
②W（自社の弱み）
③O（自社を取り巻く機会）
④T（自社を取り巻く脅威）

ＱＰＳ：品質、価格、サービスの ３つの視点で他社との違いを調べます
①Quality（品質）
②Price（価格）
②Service（サービス）

ＳＴＰ分析：「セグメンテーション：市場の細分化」「ターゲティング：どの市

・効率
・効果

5-2 ビジネスに関する体験・知識（39項目）

近江商人の三方良し
①売り手良し
②買い手良し
③世間良し

ビジネスの３要素
①ヒト
②モノ
③カネ

・ブルーオーシャン：競争相手がいない、または少ない市場
・レッドオーシャン：競争が激しい市場

・サードプレイス：家庭でも職場でもない第三の場所
・ニッチ市場：特定のニーズを持つ小規模の市場

ビジネス戦略*[5]
①現状維持：ビジネスを基本的に変えない（例：京都の歴史のある店舗）
②結合：ビジネスの組み合わせ
（例：無印良品：衣料品と加工食品の販売からスタートし、キャンプ場の運営まで手がける）
③分割：ビジネスを分割する（例：散髪に特化したＱＢハウスやＬＣＣ（ローコストキャリア））
④進化・変質：ビジネスの発展（例：誠品生活：書店を核に、雑貨やフードなどを一体化）

ＰＤＣＡによる仕事の進め方：計画→実行→評価→改善の順に仕事を進めます
①Plan（計画）
②Do（実行）

・ターゲットユーザー：一般ユーザー、専門家

・機能性
・信頼性
・拡張性

機能
①汎用
②専用

・ＤＸ（Digital Transformation）：デジタル技術を社会で活用して、人々の生活をより良いものにします

・ＩoＴ（Internet of Things）：インターネットにさまざまなシステムがつながることをいい、それによって生活が便利になります

・X-Tech：ＩＴを積極的に取り入れたビジネスモデル
・ビッグデータ（Big data）：巨大なデータ群です。これを活用して有益なデータを得て、ビジネスに反映させることができます
・オープンデータ：官公庁や企業が保有するデータを利用しやすい方法で公開
・フードテック：テクノロジーを活用して新しい食品や調理方法を開発する技術
・コスト：お金、時間、労力、思考など

・ユニバーサルデザイン（ＵＤ）*6
①調整ができること
②冗長度があるデザイン：インターフェースの入出力においていくつかの代替案があること
③仕様、機能が見える：扇風機のボタンの色は濃淡にするなど
④フィードバックがある：ユーザーの入力に対する機械側の反応（例えば、音）がある
⑤エラーに対する寛容さ：音声などによるエラーに対する機械側からの対応
⑥情報の入手：ユーザーが効率良く情報を入手できるようにする
⑦情報の理解判断：ユーザーが効率よく情報の理解・判断ができるようにする
⑧操作：容易に操作ができるように配慮する

場を狙うか」「ポジショニング：他社との位置関係を決める」の３点により商品の方針を決めます。市場を細分化し、どの市場を狙うのか考え、他社との位置関係を定めます
①Segmentation（セグメンテーション）
②Targeting（ターゲティング）
③Positioning（ポジショニング）

5-3 生産に関する体験・知識（12項目）

ＱＣＤ：品質、コスト、納期により生産管理を行います。
①Quality（品質）
②Cost（コスト）
③Delivery（納期）

５Ｓ：職場の環境改善など
①整理
②整頓
③清掃
④清潔
⑤しつけ

・大量生産
・少量生産

・見込み生産
・個別受注品

5-4 モノ・コトづくりに関する体験・知識（65項目）

製品の３属性：製品の企画や評価をする際、使うとよい重要な項目です
①有用性（機能面、性能面、価格面、耐久性、エコロジー面、信頼性など）
②利便性（わかりやすさ、操作性、収納性、安全性、メンテナンス性など）
③魅力性（デザイン、楽しさ、雰囲気、形状、質感、色彩、触感など）

・感性デザイン―――感性を上げる９項目*[9]

①デザインイメージ
②色彩
③フィット性：製品と手などとの適合性が良い
④形態
⑤機能性・利便性
⑥雰囲気
⑦新しい組み合わせ：いろいろな素材の新しい組み合わせなど
⑧質感
⑨意外性：従来の製品とは異なる性質

・人間ー機械・システム系における５側面*[10]

①身体的側面：人間とシステムとの身体面での適合性（よい姿勢、フィット性、力など）
②頭脳的側面：人間とシステムとの頭脳面での適合性（メンタルモデル、見やすさ、わかりやすさなど）
③時間的側面：人間とシステムとの時間面での適合性（作業時間、休息時間、反応時間など）
④環境的側面：人間とシステムとの環境面での適合性（気候、照明、騒音など）
⑤運用的側面：人間とシステムとの運用面での適合性　（組織の方針、情報の共有化、メンバーの活性化など）

⑨情報や操作の連続性の確保：情報や操作の流れが途切れないようにする。ユニバーサルデザインと同類の用語

・インクルーシブデザイン（inclusive design）:開発から対象外とされそうな人の視点をデザインプロセスに反映させるデザイン
・アクセシブルデザイン（accessible design）：製品などに改造などの工夫を行い、多くの人が利用できるようにしたデザイン
・共用品
・バリアフリー：バリア（障壁）がないようにする
・健常者
・障がい者
・ＵＸ（User eXperience）：ユーザーが商品やサービスを通じて得られる体験のことです
・ユーザビリティー：使いやすさ
・ユーザビリティー評価：使いやすさを評価します
・メンテナンス：機械や建物などの設備に関して、元々の状態が維持されるように点検や手入れをすることです

・エコデザイン*[7]
①耐久性がある
②リサイクリングが可能
③材料を少なくする
④最適な材料の選定
⑤フレキシビリティーがある

・安全設計*[8]
①危険の除去：製品やシステムから危険な部分を取り除きます
②フール・プルーフ設計：操作ミスをしても、人間に対して安全になっている設計です
③タンパープルーフ：安全装置を取り外すなどのいたずら防止の設計です
④保護装置（危険隔離）：人間と危険物との隔離をします
⑤インターロック機能を考えた設計：ある一定の手順を踏まないと実行できない設計のこと
⑥警告表示：製品に潜む危険についてユーザーに警告します

参考文献
＊1『サービスデザインでビジネスを作る』（P88-89）山岡俊樹 著／技報堂出版
＊2『サービスデザインでビジネスを作る』（P50-52）山岡俊樹 著／技報堂出版
＊3『サービスデザイン』（P105-108）山岡俊樹　著／共立出版
＊4『デザイン人間工学』（P33-34）山岡俊樹　著／共立出版
＊5『サービスデザインでビジネスを作る』（P62-68）山岡俊樹 著／技報堂出版
＊6『デザイン人間工学』（P76）山岡俊樹　著／共立出版
＊7『デザイン人間工学』（P76-77）山岡俊樹　著／共立出版
＊8『デザイン人間工学』（P76）山岡俊樹　著／共立出版
＊9『デザイン人間工学』（P75-76）山岡俊樹　著／共立出版
＊10『デザイン3.0の教科書』（P111）山岡俊樹　著／海文堂出版

著者紹介

山岡俊樹（やまおか・としき）

和歌山大学名誉教授／元京都女子大学教授／感性工学会・ヒューマンデザインテクノロジー研究部会部会長／人間中心設計推進機構（HCD-Net）・監事／HALデザイン研究所・顧問／認定人間工学専門家／学術博士

神奈川県横浜市出身。1971年、千葉大学工学部工業意匠学科卒。同年、東京芝浦電気（現東芝）に入社。1991年、千葉大学自然科学研究科博士課程修了。1995年以降、東芝デザインセンター担当部長他、東芝情報・通信システム研究所ヒューマンインタフェース技術研究センター研究主幹を兼務。1998年、和歌山大学システム工学部デザイン情報学科教授、2014年、京都女子大学家政学部生活造形学科教授。デザインと応用人間工学を中核にしたデザイン人間工学を提唱し、新しいモノ・コト・システムづくりを提案。

著書に、『Human Factors and Ergonomics in Consumer Product Design:Methods and Techniques』（分担執筆／CRC Press, USA）、『デザイン人間工学』（共立出版）、『デザイン人間工学の基本』（編著／武蔵野美術大学出版局）、『デザイン3.0の教科書』（海文堂出版）、『サービスデザインでビジネスを作る』（技報堂出版）、『サービスデザインの発想法』（編著／オーム社）など多数。

株式会社オージス総研のサイトにて行動観察コラムを執筆中。

「制約《せいやく》」を使《つか》って最短《さいたん》で答《こた》えを出《だ》す！

絞《しぼ》り込《こ》み思考《しこう》　〈検印省略〉

2025年　1　月　30　日　第　1　刷発行

著　者――山岡 俊樹（やまおか・としき）

発行者――田賀井 弘毅

発行所――株式会社あさ出版

〒171-0022　東京都豊島区南池袋 2-9-9 第一池袋ホワイトビル 6F

電　話　03 (3983) 3225 (販売)

　　　　03 (3983) 3227 (編集)

F A X　03 (3983) 3226

U R L　http://www.asa21.com/

E-mail　info@asa21.com

印刷・製本　美研プリンティング(株)

note　http://note.com/asapublishing/

facebook　http://www.facebook.com/asapublishing

X　https://x.com/asapublishing

ISBN978-4-86667-715-6 C2034

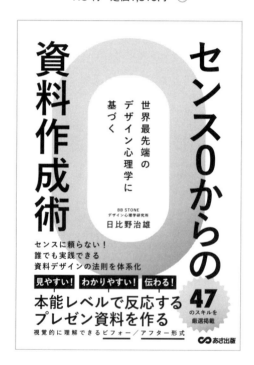